MARCO POLO

Litauen

Kurische Nehrung

Reisen mit Insider Tipps

Diesen Reiseführer schrieb Thoralf Plath. Der Journalist lebt an der Kurischen Nehrung und berichtet aus Kaliningrad und dem Baltikum für deutschsprachige Medien.

www.marcopolo.de

Infos zu den beliebtesten Reisezielen im Internet, siehe auch Seite 99

SYMBOLE

Insider Tipp **MARCO POLO INSIDER-TIPPS:**
Von unserem Autor für Sie entdeckt

★ **MARCO POLO HIGHLIGHTS:**
Alles, was Sie in Litauen kennen sollten

HIER HABEN SIE EINE SCHÖNE AUSSICHT

WO SIE JUNGE LEUTE TREFFEN

PREISKATEGORIEN

Hotels		Restaurants	
€€€	über 85 Euro	€€€	über 9 Euro
€€	60–85 Euro	€€	5–9 Euro
€	bis 60 Euro	€	bis 5 Euro

Die Preise gelten für ein Doppelzimmer mit Frühstück in der Saison.

Die Preise gelten für ein Hauptgericht, ohne Getränke.

KARTEN

[110 A1] Seitenzahlen und Koordinaten für den Reiseatlas Litauen

Karten zu Kaunas, Klaipėda, Vilnius und zum Ethnografischen Freilichtmuseum Rumšiškės finden Sie im hinteren Umschlag.

[0] außerhalb des Kartenausschnitts

Zu Ihrer Orientierung sind auch die Orte mit Koordinaten versehen, die nicht im Reiseatlas eingetragen sind.

GUT ZU WISSEN

Inhalt

Die wichtigsten
MARCO POLO Highlights

Sehenswürdigkeiten, Orte und Erlebnisse, die Sie nicht verpassen sollten

1 Gediminas-Turm
Blicken Sie vom Burgberg auf die Altstadt von Vilnius mit ihren 40 Kirchen (Seite 30)

2 Gotisches Ensemble
Der flammende Backsteinbau St. Anna in Vilnius übertrifft auch barocke Vielfalt (Seite 31)

3 Universität
Die älteste Hochschule des Baltikums ist eine Stadt in der Stadt Vilnius (Seite 32)

4 Trakai
Litauens berühmte Großfürstenburg thront auf einer Insel inmitten von 32 Seen (Seite 41)

5 Druskininkai
Heilsames Mineralwasser und eine waldreiche Umgebung kennzeichnen Litauens bedeutendsten Kurort (Seite 43)

6 Dzūkija-Nationalpark
Die tiefen Wälder des Südens bergen Dörfer wie aus der Zeit gefallen (Seite 46)

7 Čiurlionis-Kunstmuseum
In dieser Sammlung in Kaunas erleben Sie, wie der litauische Nationalkünstler Farben in Töne verwandelte (Seite 55)

Litauens alte Hauptstadt: die Inselburg Trakai im Galvė-See

Im Freilichtmuseum Rumšiškes

★8 **Rumšiškės**
Aus ganz Litauen hat man historische Häuser und Gehöfte zusammengetragen und am Kaunasser Meer wieder aufgebaut (Seite 59)

★9 **Berg der Kreuze**
Ein beeindruckendes Symbol des religiös beseelten Widerstands gegen die sowjetischen Besatzer (Seite 61)

★10 **Altstadt**
In Klaipėdas rechtwinklig angelegten Gassen lebt noch ein Hauch des alten Memel (Seite 63)

★11 **Nemunas-Delta-Regionalpark**
Im Moorwiesenland am Kurischen Haff tauchen Sie ein in die deutsch-litauische Geschichte (Seite 67)

★12 **Orvydas' Garten**
Das landesweit berühmte »Absurditätenmuseum« wurzelt im Protest gegen Moskaus Fremdherrschaft (Seite 71)

Bei Minija im Nemunas-Delta

★13 **Parniddener Düne**
Mitten durch die höchste Wanderdüne der Kurischen Nehrung schneidet sich eine absurde Grenze (Seite 77)

★14 **Thomas-Mann-Haus**
Der große deutsche Dichter liebte den »Italienblick« von seinem Sommerhaus in Nida aus (Seite 78)

★15 **Hexenberg**
Drollige Waldgnome und Märchenfiguren säumen den Weg über die alte Nehrungsdüne in Juodkrantė (Seite 94)

★ *Die Highlights sind in der Karte auf dem hinteren Umschlag eingetragen*

Entdecken Sie Litauen!

Ein Land von sanfter Schönheit, das mit seiner tausendjährigen Geschichte zurückkehrt nach Europa

Eine halbe Autostunde nördlich von Vilnius, nahe dem Dörfchen Purnuškės, ragt ein runder Hügel aus der Ebene, der alte Burgberg Bernotai. Ein Pfad schlängelt sich hinauf zu einer Marmorsäule, unter der in einer Windrose zwei Koordinaten stehen: 54° 54' nördlicher Breite und 25° 19' östlicher Länge. Der schlichte Punkt spielt eine große Rolle: Er ist die geografische Mitte Europas.

Mancher blickte verwundert auf, als französische Kartografen 1989 den Kontinent per Computer neu vermaßen und die Achsen Gibraltar–Ural und Nordkap–Kreta sich ausgerechnet in Litauen schnitten. So sehr hatte der Eiserne Vorhang das europäische Bewusstsein verschoben, dass der Westen erst allmählich zu bemerken beginnt, welch erstaunliche Entwicklung die Baltenrepublik seit ihrer wiedererkämpften Unabhängigkeit 1991 genommen hat. Litauen, seit jeher Ost und West verbindend, Schmelztiegel der Nationen: so nah, so fern und jahrzehntelang fast vergessen. Doch auf einem seiner alten Handelswege, der wiederbelebten Via

Nemunas heißt die Memel heute – das Fluss-Idyll ist vielfach geblieben

Junge Litauer lieben ihre Handys

Baltica, ist das freie, demokratische Land mit seiner Vielvölkergeschichte nun in die westliche Staatenfamilie zurückgekehrt: Ihren EU-Beitritt am 1. Mai 2004 feierten die Litauer mit einem Riesenfeuerwerk auf dem Kathedralenplatz in Vilnius und knipsten um Mitternacht alle Lichter des Landes an, damit man ihre Republik noch aus dem Weltall wahrnehme – vor allem die russischen Kosmonauten …

Die größte und bevölkerungsreichste Republik des Baltikums (65 300 km^2, 3,5 Mio. Ew.) ist ein Land von sanfter Schönheit. Es hat weder Gebirge noch spektakuläre Baukunst, wie überhaupt die Extreme fehlen – es ist die faszinierende Vielfalt, landschaftlich und ethnisch, mit der sich Litauen seinen Besuchern empfiehlt. Da ist Vilnius, die multikulturelle Metropole mit

Geschichtstabelle

4400–2500 v. Chr. Nomaden aus dem Schwarzmeergebiet dringen bis zur Ostsee vor und vermischen sich mit den Bewohnern dort, die Volksgruppe der Balten entsteht

um 650 Allmählich bilden sich Stämme und feste Grenzen heraus. Die Litauer leiden unter den Raubzügen der Wikinger und wehren sich im Osten gegen die Slawen

1009 Erste Erwähnung Litauens (»Lituae«) in den Quedlinburger Annalen

1251 Mindaugas vereint sieben Kleinfürstenstämme und wird König von Litauen

1316 Litauens Heldenzeitalter bricht an. Unter Gediminas, Algirdas und Vytautas dem Großen wächst das Großfürstentum bis 1430 zu einem der mächtigsten Staaten Europas

1386 Fürst Jogaila heiratet die polnische Thronfolgerin Jadwiga und lässt sich und sein Volk taufen

1410 Polen und Litauer bereiten dem Deutschen Orden bei Tannenberg eine vernichtende Niederlage

1569 Union von Lublin. Polen und Litauen verschmelzen zur »Republik der zwei Nationen«

1795 Dritte polnische Teilung. Die litauischen Gebiete fallen an das zaristische Russland

1864 Nach zwei Aufständen gegen die Fremdherrschaft lässt der Zar litauische Druckerzeugnisse verbieten

16. Feb. 1918 Unabhängigkeitserklärung der Republik Litauen

1939/40 Hitler-Stalin-Pakt. Litauen wird sowjetrussisch

1941–44 Deutsche Okkupation. 230 000 litauische Juden fallen dem Holocaust zum Opfer

1944/45 Litauen wird wieder sowjetisch, Massendeportationen beginnen

1972 Der Arbeiter Romas Kalanta verbrennt sich in Kaunas aus Protest gegen das Sowjetregime

1990 Die Reformbewegung *Sajudis* gewinnt die Wahlen zum Obersten Rat. Parlamentspräsident Vytautas Landsbergis ruft am 11. März die Wiederherstellung der Unabhängigkeit aus – Moskau verhängt eine Wirtschaftsblockade

13. Jan. 1991 Blutsonntag. Sowjetische Spezialeinheiten besetzen den Fernsehturm in Vilnius, dabei kommen 14 unbewaffnete Verteidiger ums Leben

1993 Die letzten russischen Soldaten verlassen das Land

2004 Litauen wird Mitglied der Europäischen Union

ihrer Altstadt, in der sich nahezu alle Baustile Europas finden: Gotik, Renaissance, Klassizismus und überall rauschender Barock. Kaunas, zweitgrößte Stadt des Landes und ganz die stolze Litauerin, steht als Wiege der nationalen Kultur und Kunst für Museen, modernes Theater, für Jazz und die legendären Sängerfeste. An der Ostsee lockt die Kurische Nehrung mit ihren malerischen Fischerdörfern und den höchsten Wanderdünen Europas. Die Unesco hat dieses Naturwunder zum Welterbe der Menschheit erklärt.

» Der größte Reichtum ist die Natur «

Die Nehrung ist zudem einer von fünf Nationalparks, mit denen der litauische Staat seinen wohl größten Bodenschatz bewahren will: die Natur. Das Land hat 4000 Seen und dreimal so viele Flüsse, eingebettet in Landschaften von einer stillen, kaum berührt scheinenden Weite, wie sie in Westeuropa längst der Zersiedlung zum Opfer gefallen ist. Eine Fahrt durch Litauen ist eine geruhsame Reise durch ein hügeliges Mosaik aus Wiesen, Feldern, riesigen Mooren und schwarzgrünen Wäldern.

Der Wald ist Litauens Mythos, zu ihm haben die Menschen selbst in der modernen Zeit ein geradezu religiöses Verhältnis. Die Natur zu verehren ist Teil einer Identität, in der die alte heidnische Prägung fortlebt. Die Litauer waren die letzten Heiden Europas. Erst im 14. Jh. ließen sie sich taufen, und auch das nicht freiwillig: Großfürst Jogaila heiratete die polnische Thronfolgerin, Litauen wurde katholisch und verschmolz mit Polen für über 400 Jahre zunächst zu einer Union, später zur Reszpospolita, der »Republik der zwei Nationen«.

Ihre Eigenständigkeit haben die Litauer sich dennoch bewahrt. Selbst während der schlimmen

Beschauliche Fußgängerzone: die Vilniaus gatve in der Altstadt von Kaunas

Knechtschaft, die ab dem 18. Jh. aus dem Osten über das Land hereinbrach – erst mit den russischen Zaren und dann, nach einem kurzen Frühling wiedererlangter Souveränität zwischen den Weltkriegen, durch die Sowjetunion. Die Wunden der »Okupacija« sind längst nicht vernarbt. Das kollektive Trauma, das KGB-Terror und jahrzehntelange Entmündigung hinterließen, wirkt immer noch nach.

> *»Die Wirtschaft boomt, der Handel blüht«*

Doch die katholisch-konservativen Litauer prägt auch ein Bedürfnis nach Aussöhnung und Toleranz, und so ist das Verhältnis zu den im Land lebenden Russen heute viel besser als bei den baltischen Nachbarn. Nun ist man frei, und wer kann, blickt nach vorn: Die Wirtschaft boomt, der Handel blüht, postsozialistische Wachstumskrisen scheinen überwunden. Die Hauptstadt Vilnius hält, was elegante Läden und feine Restaurants angeht, dem Westvergleich längst stand.

In Vilnius zeigt Litauen sein Glitzergesicht, und bunt wie Metropolenschaufenster sind auch die Themen des Alltags. Eine neue schrille Inszenierung des Theater-Avantgardisten Oskaras Korsunovas: Die Feuilletons ereifern sich. Die neusten Schamlosigkeiten in der Skandal-TV-Show »Be tabu« (Ohne Tabu): Stadtgespräch. Dagegen Politik? Bitte nicht! Wenn bei der litauischen Ausgabe von »Wer wird Millionär?« eine junge Verkäuferin cool bis zum Spitzengewinn durchrauscht oder Basketball-Superstar Tanoka Beard mal wieder ein Formtief hat, bewegt das die Litauer ungleich mehr als die x-te Debatte des Sejmas zu Agrarstrukturhilfen oder Bildungsreform.

Auch die Jugendlichen, die cool durch die Citypassagen von Vilnius, Kaunas oder Klaipėda flanieren, unterscheiden sich äußerlich nicht von ihren Altersgenossen im Westen. Trotzdem sind sie anders. Das alte Brauchtum des Landes lebt weiter in seinen Kindern, die so gern Volkslieder singen wie ihre Eltern und an Mittsommer zu Tausenden in freier Natur Sonnenwende feiern. Dass zu den Trachtentänzen Handys klingeln und Digitalkameras blitzen, wen stört's? Dancefloor, Jazz und Sängerfeste, ultramodern neben folkloristisch: In Litauen geht das gut zusammen.

Europäisch denken und eigene Traditionen wahren, das ist auch das Markenzeichen einer selbstbewussten Generation gut ausgebildeter, mehrsprachiger, nicht mehr sowjetisch verbogener Mittdreißiger, die sich in der Metropole Vilnius etabliert. Sie sind die Aufsteiger, besetzen mit ihren Laptops und Maßanzügen immer mehr Spitzenpositionen – vor allem in den über 3000 internationalen Firmen, die inzwischen im Land investieren, seit sich der nun an den Euro gekoppelte Litas stabilisiert hat.

Doch das litauische Turbowirtschaftswunder hat auch seine Schattenseiten. Das Wir-Gefühl der alten Zeit ist einer Ellbogengesellschaft gewichen, in der 20 Prozent der Bevölkerung unter der Armutsgrenze leben. Auf dem Land grassiert Arbeitslosigkeit. Vor polierten Cityfassaden hocken Bettler. Betroffen sind vor allem ältere Menschen, die mit umgerechnet 130 Euro Ren-

Unbekümmert bunter architektonischer Stilmix: die Kathedrale von Vilnius

te einfach nicht zurechtkommen. Krasse soziale Brüche und das Trauma der Sowjetdekaden entladen sich in Alkoholismus und Depressionen: Litauen hat eine der höchsten Selbstmordraten der Welt.

Einen Ausweg suchend, verlassen viele Litauer ihr Land. Seit 1989 hat die kleine Republik fast 350 000 Ew. verloren. Seit die EU sich öffnet, gehen wieder Tausende auf Arbeitssuche – gen Westen. Ein dramatischer Trend, dem eine Regierung nach der anderen hilflos zusieht. Die Politik ist meist mit sich selbst beschäftigt, Skandale um Korruption, bürokratische Willkür und Mafiafilz sind an der Tagesordnung. Litauen ist auch ein Land im Umbruch und noch dabei, sich wiederzufinden.

Die einen verlassen Litauen auf der Suche nach Zukunft, andere kommen, weil sie Ferienziele jenseits ausgetretener Wege suchen: Mehr und mehr Urlauber entdecken das Baltikum. Touristische Tops sind natürlich Vilnius und die Kurische Nehrung. Doch auf den Spuren einer verlorenen Zeit gibt es auch im Binnenland eine Menge zu entdecken. Litauen ist ein großes Freilichtmuseum, eine bäuerlich geprägte, weite Naturlandschaft abseits aller Hektik mit 30 Regionalparks und vielen Zeugnissen baltischer Völkergeschichte.

» Litauen setzt auf sanften Tourismus «

Es passt zur Naturliebe der Litauer, dass sie vor allem den sanften, umweltverträglichen Tourismus fördern. Der größte Reichtum des Landes sind und bleiben seine Natur und seine gastfreundlichen Menschen. Das wird jeder Besucher spüren und sicher um manches reicher zurückkehren aus der fast tausendjährigen Baltenrepublik, die nun wieder in der Mitte Europas liegt.

Marktwirtschaft und Heidenkult

Auf dem Weg in das moderne Europa sucht Litauen Halt in der Kraft seiner Traditionen

Alter Wortschatz

Litauisch ist ein lebendes Fossil. Keine andere Sprache Europas überstand die Zeiten so unverändert. Gemeinsam mit dem Lettischen zur fast ausgestorbenen baltischen Sprachenfamilie gehörend, steht Litauisch der indoeuropäischen Ursprache Sanskrit am nächsten. Welch faszinierendes Forschungsobjekt für Linguisten! Für Durchschnittsausländer indes ein Buch mit sieben Siegeln: So viele Fälle hat die altertümliche Sprache nämlich, dazu eine Lautstruktur aus 59 Phonemen und weitere Tücken, an denen selbst Begabte verzweifeln.

Seit 1991 ist Litauisch offizielle Landessprache. Eine staatliche Kommission wacht über ihre Reinheit im behördlichen Gebrauch, es gibt – wohl einzigartig in der Welt – sogar einen Tag der Sprache (7. Mai). Doch zunehmend überschwemmen Anglizismen nun auch die älteste Sprache des Kontinents. Immerhin sorgt eine grammatische Eigenart dafür, dass die Begriffe des Westens quasi litauisiert werden: Aus dem Hooligan wird der *chuliganas,* und Zauberlehrling Harry Potter heißt hier Haris Poteris.

Beschnitzte Eichenstämme säumen die Čurlionis-Straße bei Druskininkai

Auch aus dem Deutschen schlich sich einiges in den litauischen Wortschatz ein. Das Feuerwerk wandelte sich in die *fejerverkai* (ai bezeichnet den Plural), aus dem Schlagbaum wurde der *šlagbaumas,* und die Zeiger der Uhr drehen sich auf dem *ciferblatas.* Der Steuermann geriet zum *sturmanas.* Die Litauer lieben ihre *kegelbanas,* und abends in der Kneipe genehmigen sich die Männer gern mal einen *šnapsas.*

Baltischer Tiger

Litauens Wirtschaft steuert Kurs West. Den Übergang vom Sowjetdirigismus zur Marktwirtschaft hat die Baltenrepublik gut gemeistert: Die Betriebe sind größtenteils privatisiert, die Dienstleistungsbranche erwirtschaftet mittlerweile zwei Drittel des Bruttoinlandsprodukts (BIP 2005: 20,5 Mia. Euro); in der Außenhandelsbilanz entfällt heute die Hälfte der Exporte auf EU-Länder. Acht Freihandelszonen und ein 2006 erstmals aufgelegtes staatliches Förderprogramm sollen weitere Investoren ins Land holen. Der Aufschwung ist umso erstaunlicher, wenn man bedenkt, dass das kleine

Zwei große Bier, bitte! Kneipe in Palanga, dem größten Badeort Litauens

Land dabei im Wesentlichen auf sich allein gestellt war – es gab kein reiches »Westlitauen«, das Milliarden in den Umbau pumpte.

Der Lebensstandard hat sich, seit die Zeit der postsozialistischen Zusammenbrüche überwunden ist, stetig verbessert, liegt allerdings immer noch deutlich unter EU-Durchschnitt. Das monatliche Durchschnittseinkommen liegt derzeit offiziell bei 385 Euro. Inoffiziell dürfte es deutlich höher sein. Doch selbst wenn man berücksichtigt, dass viele Litauer mit Zweit- und Drittjobs (schwarz) dazuverdienen, bleibt rätselhaft, wer sich das Einkaufen in all den teuren Läden und Restaurants leisten kann, die vor allem Vilnius bietet. Und ein Problem bekommt auch der »baltische Tiger« mit seinen jährlichen Wachstumsraten von 5–8 Prozent nicht in den Griff: die Arbeitslosigkeit. Sie liegt offiziell zwar nur bei 8 Prozent, doch in manchen ländlichen Regionen ist fast die Hälfte der Menschen ohne Job. *www.lda.lt*

Basketball

Auf dem Basketballfeld mischt Litauen in der Weltliga mit. Dreimal holte die kleine Baltenrepublik schon Olympiabronze, Spiele des Nationalteams sind echte Straßenfeger, und in jeder Kneipe, die etwas auf sich hält, laufen dann die Live-Übertragungen. Bei großen Siegen fällt das sonst so stille Land in einen kollektiv-patriotischen Freudentaumel: Litauens Nationalsport steht vor allem bei Männern und jungen Leuten im Rang einer Religion.

Die Fliegerlegende Steponas Darius brachte das Korbballspiel in den 1920er-Jahren aus den USA mit und machte es so populär, dass Litauen schon 1937 zum ersten Mal Europameister wurde. In den Zeiten der Sowjetunion stellten baltische Zweimetermänner zeitweise die Hälfte der Landesauswahl.

Auch heute zählen Clubs wie Žalgiris Kaunas (Europacupsieger 1998) zu den internationalen Tops. Doch auf Dauer ganz oben mitzuspielen ist schwer, zumal Basketballstars wie Arvydas Sabonis oder Žydrūnas Ilgauskas ihre Brötchen lieber bei Spitzenteams in Westeuropa und den USA verdienen. *www.zalgiris.lt*

Čiurlionis, der Musikmaler

Mikajolus Konstantinas Čiurlionis (1875–1911) ist nur 36 Jahre alt geworden, doch sein Name leuchtet in der litauischen Nationalkultur als heller Stern. Seinem Werk ist in Kaunas das größte Museum gewidmet, denn als Komponist und Maler prägte Čiurlionis die moderne Kunst seines Landes wie kein Zweiter. Der »Christoph Kolumbus der Kunst«, wie ihn der französische Literaturnobelpreisträger Romain Rolland nannte, verwob die Gesetze der Musik mit denen der Malerei, schuf in seinen Werken einander durchdringende Ebenen von meditativer Symbolkraft, in denen er einem ewigen Thema folgt, seinem Thema: dem universalen Ganzen von Mensch und Natur.

Aufgewachsen als Sohn eines Organisten in Druskininkai mit seinen sagenhaften Waldlandschaften, beeinflusste die Naturliebe der Litauer den sensiblen Čiurlionis früh. Nach dem Musikstudium in Warschau entstanden in nur fünf Jahren, 1904–09, die meisten seiner 300 Bilder: mystizistische Zyklen aus der Welt des Imaginären – wie die berühmten »Jahreszeiten-Sonaten«. Auch in vielen der 250 Kompositionen des künstlerischen Grenzgängers, so etwa im Poem »Das Meer«, spielt das Naturempfinden die tragende Rolle. Mikajolus Čiurlionis hat Musik gemalt und Bilder komponiert.

Jerusalem des Nordens

Als die deutsche Wehrmacht am 24. Juni 1941 Vilnius besetzte, begannen SS-Einheiten schon am Tag darauf mit der Menschenjagd. In keinem anderen Land setzten sie ihren Vernichtungsfeldzug gegen die Juden so brutal um: Von den 250 000 litauischen Juden überlebten nur wenige Tausend, 94 Prozent der jüdischen Bevölkerung wurden von Hitlers Schergen und ihren Helfern ermordet. Mit dem Holocaust erlosch eine jahrhundertealte Kultur, die Vilnius einst den Beinamen »Jerusalem des Nordens« eingebracht hatte. Schon 1545 war dort die erste Synagoge gebaut worden. Im 18. Jh., einer Blütezeit der jüdischen Kultur, war fast die Hälfte der Einwohner Juden, sie nannten ihre Stadt Vilne und sich selbst Litvaken. Aus Vilne stammte Jascha Heifetz, einer der berühmtesten Geiger des 20. Jhs.

Heute hält das Staatliche Jüdische Museum Vilnius das Andenken an die vernichtete Kultur wach. Seit der Unabhängigkeit beginnt zaghaft wieder jüdisches Leben zu wachsen. Die breite Öffentlichkeit aber vermeidet es nach wie vor, sich kritisch mit dem Holocaust auseinanderzusetzen. Die Tatsache, dass sich viele Litauer zu aktiven Helfern von Hitlers Massenmördern gemacht haben (vorwiegend aus Rache, da sie den Juden eine Mitschuld an der sowjetischen Okkupation gaben), belastet das litauisch-jüdische Verhältnis sehr. Eine junge Historikergeneration hat nun begonnen, sich diesem Thema offen zu stellen.

Bewahrt die Reste einer reichen Kultur: das Jüdische Museum in Vilnius

Minderheiten

Im Gegensatz zu Lettland und Estland stellen die Litauer in ihrem Land mit 82 Prozent die große Mehrheit der Bewohner. Das erleichtert besonders das Zusammenleben mit den zu Sowjetzeiten in das Land gekommenen 300 000 Russen (knapp 8 Prozent Bevölkerungsanteil). Man liebt sich nicht gerade, aber man toleriert und achtet sich, und wie allen Minderheiten sind auch den Russen und den rund 260 000 Polen im traditionell multiethnischen Litauen demokratische Rechte gesetzlich garantiert.

Zwei ethnische Gruppen im baltischen Völkerschmelztiegel sind ausgesprochene Exoten: Tataren und Karaim (Karäer). Sie leben seit 600 Jahren in Litauen; Großfürst Gediminas brachte ihre Vorfahren als Palastwachen und Handwerker von der Krim mit. Eine geschlossene deutsche Minderheit gibt es in Litauen nicht mehr. Etwa 4000 Deutsche leben verstreut im Land, die meisten im einst zu Ostpreußen gehörenden Memelland am Kurischen Haff und in Klaipėda (Memel). *www.klein-litauen.de*

Nationale Symbole

Gelb, grün, rot – das sind die Farben Litauens. Man ahnt es fast: Gelb steht für die Sonne, grün für die heilige Natur des Landes, rot für das Blut, das die Litauer im Kampf um ihre Freiheit vergossen. Seinen Ursprung hat so viel Pathos in der Nationalbewegung des frühen 19. Jhs. Doch es sollte bis zum 1. Januar 1919 dauern, ehe die Flagge erstmals als offizielles Symbol der jungen Republik Litauen gehisst wurde. Die Sowjets verboten die Fahne schon 1940 wieder. Erst im Tauwetter der Perestrojka errangen sich die Litauer ihre Symbole zurück. Seit dem Herbst 1988 weht sie wieder über dem Gediminas-Turm in Vilnius. Heute wird im patriotischen Litauen bei jeder Gelegenheit geflaggt, bei internationalen Basketballspielen verwandeln sich die Zuschauerränge in ein gelb-grün-rotes Fahnenmeer. Die Trikolore hat sogar einen eigenen Feiertag: den 1. Januar.

Das litauische Wappen, der Schwertreiter mit einem Doppelkreuz auf dem Schild, gilt als eines der ältesten Nationalsymbole Europas. Schon Großfürst Algirdas führte es erstmals 1366 im Siegel.

Sängerfeste

Das Singen haben die Litauer im Blut. Am größten Weltsängertreffen, alle vier Jahre in Vilnius (nächstes Mal 2007) unter einem symbolischen Lebensbaum stattfindend, nehmen über 30 000 Sänger teil, darunter viele Exil-Litauer. Alle Sängerfeste sind ein Kulturereignis nationalen Rangs.

Der Gesang ist in den baltischen Völkern in einer Tiefe verwurzelt, die sich in Europa wohl nur noch bei den Iren findet. Die alten litauischen Volkslieder, die *liaudies dainos,* werden seit Jahrhunderten von Generation zu Generation weitergereicht. Das Folklorearchiv in Vilnius hat fast 250 000 Dainos-Verse dokumentiert. Die Tradition der Liederfeste reicht bis ins 18. Jh. zurück (Estland), zum ersten großen litauischen Sängerfest trafen sich 1924 in Kaunas 86 Chöre. Als Ausdruck des nationalen Bewusstseins trugen die Lieder auch den Freiheitswillen der Litauer. Nicht umsonst ging ihr letzter Unabhängigkeitskampf 1991 als »singende Revolution« in die Geschichte ein.

Moderne Heiden

Die Romuviai und der Glaube der alten Balten

In einer Zeit des Wertewandels kommt der Glaube der alten Baltenvölker wieder zu Ehren, und die Romuva-Bewegung, die sich einer Naturreligion verschrieben hat, erfreut sich wachsender Beliebtheit. Die Anerkennung als Glaubensgemeinschaft scheiterte bislang, denn die katholische Kirche wettert wider das moderne Heidentum. Die Romuviai ficht das nicht an. Sie berufen sich auf Perkūnas, den Donnergott, und darauf, dass der pantheistische Naturglaube die Urreligion der Balten sei. Die Bewegung wurde 1967 von Jonas Trinkunas an der Universität Vilnius gegründet – unter dem Deckmantel des Sammelns baltischer Folklore. Heute hat sie offiziell zwar nur einige Hundert Mitglieder, die Zahl der Anhänger des alten Glaubens geht aber in die Tausende. Besonders junge Leute versammeln sich gern an den heidnischen Heiligtümern wie dem Berg Rambynas am Nemunas-Strom. Manche pilgern gar alljährlich nach Romowe: Der sagenumwobene, im 13. Jh. zerstörte Haupttempel befand sich am Oberlauf des Pregel (heute Kaliningrader Gebiet).

Pilies kepyklėlė

Zeppeline, viel Schmand und kräftiges Bier

Auch in Zeiten gastronomischer Freiheit behauptet sich die bodenständige, deftige altlitauische Küche

Ausgerechnet ein Luftschiff verhalf dem litauischen Nationalgericht zu seinem Namen. Zumindest in ihrer Form können die *cepelinai,* fleischgefüllte gekochte Kartoffelknödel, ihre Ähnlichkeit mit den guten, alten Zeppelinen auch nicht verleugnen. Vom Kaloriengehalt her freilich sind es eher kleine Bomben und nicht eben etwas für Diätbewusste. Wie auch immer: *cepelinai* dürfen auf keiner litauischen Speisekarte fehlen. Je nach Region kennt jeder Koch, jede Köchin noch lokale Eigenarten und Kniffe, das Nationalgericht zu verfeinern, füllt die Knödel auch gern mal mit Käse, Quark oder Pilzen und serviert sie in einer Soße aus viel Schmand, Speck und Zwiebeln.

Litauen ist ein Bauernland, und so schmeckt es auch. Die traditionelle Küche ist bodenständig, deftig und ziemlich fett. Fleisch und Kartoffeln gehören zu jeder vollwertigen Mahlzeit, gern noch mit Sauerrahm *(grietinė)* verfeinert. Und wie überall im Baltikum wird auch in Litauen am liebsten warm aufgetischt. Der Tag beginnt oft schon mit Kartoffelpuffern, Eierkuchen oder Rührei. Gibt's nur kaltes Frühstück, dann wenigstens kräftig – mit Wurst, Fisch, eingelegten Pilzen, Käse. Dazu Tee *(arbata)* oder frisch in der Tasse aufgebrühten Kaffee *(kava)*, was die Leute hier nicht »türkisch«, sondern »litauisch« nennen. Hauptmahlzeit aber ist das Mittagessen. Auf den Tisch kommt, was auf dem Acker wächst, im Garten gedeiht oder – nicht zu vergessen – im Wald gepflückt werden kann. Legendär ist die Leidenschaft der Litauer fürs Pilze- und Beerensammeln. Pilzgerichte *(grybai)*, auf landestypische Art zubereitet, sind eine Delikatesse. Und noch eine Vorliebe wird Ihnen in Litauen nicht lange verborgen bleiben: Gern würzt man gekochte Kartoffeln mit Dill. Zu einem Mittagsmenü gehören neben dem Hauptgericht Vorspeise, Suppe *(sriuba)* und Nachtisch *(desertas)* – meist Eis *(ledai)*, Kompott oder Kuchen.

Ein Hort traditioneller Gastronomie: die »Burgschänke« in Vilnius

Auch die russische Küche hat, wen wundert's nach so vielen Jahren des Zusammenlebens, viele

Litauische Spezialitäten

Lassen Sie sich diese Köstlichkeiten gut schmecken!

balandėliai – Krautrouladen mit Hackfleisch und Ei gefüllt

balzamas – traditioneller schwarzer Kräuterlikör

bifštekas – eine Art Sammelbegriff für gebratenes Fleisch verschiedenster Art

blynai – Pfannkuchen in vielen Variationen: herzhaft gefüllt mit Kartoffeln, Fisch, Fleisch, Kohl, Quark, Pilzen, aber gern auch mit süßen Obst- oder Beerenkonfitüren. Es gibt sie auch als *blyneliai* (kleine Pfannkuchen), *bulveniai* (Pfannkuchen aus Reibekartoffeln) und *varškėčiai* (Quarkpfannkuchen)

cepelinai – gekochte Kartoffelklöße mit Fleisch- oder Speckfüllung in einer deftigen Buttersoße aus Speck und Zwiebeln. In einigen Restaurants firmieren die Knödel auch unter *didžkukuliai*

duonos salotos – Brotsalat mit Käse und Mayonnaise, wird als Snack gereicht

kepta duona – geröstetes, salziges Knoblauchbrot, beliebter Snack zum Bier

kijevo kotletas – Relikt aus der Sowjetzeit, das immer noch in vielen Restaurants auf der Speisekarte steht. Das »Kiewer Kotelett« ist ein paniertes Hähnchenschnitzel, gefüllt mit Buttergemüse

koldūnai – mit Fleisch, Kartoffel- oder Pilzpüree gefüllte Teigtaschen

krūpnikas – Honiglikör, mit Kümmel, Nelken und Ingwer verfeinert

muginukas – traditionelles Honiggebäck

rūktštynės – Sauerampfersuppe, ein Nationalgericht

rūkyta žuvis – Räucherfisch, Spezialität der Kurischen Nehrung

šakotis – großer Kuchen in Form eines Tannenbaums, wird traditionell aus 99 Eiern zubereitet und zu festlichen Anlässen gebacken

šaltibarščiai – kalter Borschtsch, eine erfrischende Sommersuppe aus Roter Bete, Gemüse, Eis und Kartoffeln, abgeschmeckt mit Buttermilch oder Kefir

šašlykai – pikante Fleischspieße, oft an Grillständen angeboten

suktiniai – Fleischrouladen mit Speck- oder Zwiebelfüllung

žagareliai – süße Pasteten zum Dessert, erst komplett mit einem Schuss Rum

Spuren auf Litauens Speisekarten hinterlassen. Allgemein beliebt ist der Borschtsch, die aus Roter Bete, Gurken, Kartoffeln und Gemüse zubereitete Nationalsuppe des östlichen Nachbarn. Die Litauer servieren sie auch kalt als köstliche Sommersuppe *(šaltibarščiai)*, mit Kefir verfeinert und Röstkartoffeln als Beilage. Ebenfalls aus altrussischer Tradition stammen *koldūnai,* gefüllte Maultaschen, und *blynai,* hauchzarte Eierkuchen aus Buchweizenteig, bei deren Füllung von Banane bis Hackfleisch der Phantasie kaum Grenzen gesetzt sind.

Schier grenzenlos scheint inzwischen die Auswahl an internationaler Küche. Die Restaurantszene hat von der neuen Freiheit regen Gebrauch gemacht, und in Vilnius – auch gastronomisch das Schaufenster des Landes – können Sie jeden Tag der Woche ein anderes Land genießen. Ob irisch, ungarisch oder armenisch, japanisch oder französisch, Pizzeria oder Steakhouse – das Angebot ist groß, selbst indische und thailändische Restaurants fehlen nicht. Wollen Sie aber lieber typisch litauisch essen gehen, besuchen Sie eins der Lokale mit ausgewiesener Traditionsküche. Dort servieren die Kellner oft in folkloristischer Tracht, was nicht nur bei Touristen, sondern auch bei den nationalstolzen Balten gut ankommt.

Die Einheimischen selbst haben einen Hang zu rustikaler Gemütlichkeit. Urige Kellerkneipen erfreuen sich bei jungen Leuten großer Beliebtheit, bei Bier, Pizza und Jazz wird die Nacht zum Tag. Wer es edel mag, kommt vor allem in den großen Städten auf seine Kosten, auch wenn Häuser wie das noble Stikliai in der Altstadt von Vilnius nicht viel mit dem Alltagsleben der Litauer zu tun haben, denn nur die wenigsten können sich solche Restaurants leisten. Sie kehren lieber in eine der verbreiteten Schnellgaststätten *(valgykla)* und Imbissstuben *(užkandinė)*, in ein Café *(kavinė)* oder eine Bar *(baras)* ein, wo man meist auch ganz passabel essen kann. Wer auf Fastfood steht, muss nach Filialen einer bekannten Hamburgerkette nicht lange suchen. Und im Sommer finden Sie vielerorts Straßencafés und Biergärten.

Apropos: Zu einem guten Essen gehört für viele Litauer auch ein Bier *(alus)*. Endlich gibt es auch wieder nationale Sorten wie Kalnapilis und Baltijos – nachdem die Leute in den 1990er-Jahren vor allem deutsche und dänische Importe kauften und vor lauter Westeuphorie ihre eigene Brautradition an den Rand der Pleite brachten. Dabei schmeckt das einheimische Bier vorzüglich, es ist von kräftiger Würze. Litauen ist ein Bierland. Das staatliche Tourismusbüro bietet sogar Brauereirundreisen (»Beer-Trails«) an. Freunde des Gerstensafts sollten einen Abstecher in den Norden des Landes nach Biržai einplanen. Litauens unumstrittene Bierhauptstadt hat sieben Brauereien und veranstaltet jeden Sommer ein großes Bierfest.

Hochprozentiges ist hingegen eher auf dem Rückzug. Wer einen Wodka bestellen will, wird ihn natürlich auf jeder Getränkekarte finden. Er heißt in Litauen *degtinė* und schmeckt etwas milder als das russische Original. Viel typischer für das grüne Land sind freilich seine Liköre *(likeriai)*. Aber Vorsicht – ob fruchtig oder als würziger Honigmet *(midus)*: Das Zeug hat's in sich!

Holzschnitzereien und Ostseegold

Ob Bernstein modern oder traditionelle Volkskunst: Typische Souvenirs sind in Litauen leicht zu finden

Auf der Suche nach einem Mitbringsel aus Litauen führt kaum ein Weg am »Gold der Ostsee« vorbei. Die Bernsteinkünstler hier zu Lande sind Meister ihres Fachs und verstehen es, das fossile Harz mit Wurzelholz, Leder und verschiedenen Metallen höchst unkonventionell zu kombinieren. Angeboten wird Bernstein in Litauen in so gut wie jedem Souvenirladen, doch die größte und schönste Auswahl haben Sie an der Küste: in Palanga, in Klaipėda und natürlich in Nida auf der Kurischen Nehrung. Freilich sind die Stücke dort auch am teuersten.

Berühmt sind die Litauer seit Jahrhunderten für Holzschnitzereien, es ist die älteste Tradition ihrer naturreligiös beseelten Volkskunst. Sie finden die urigen Gnome und phantasievoll geschnitzten Märchenfiguren in besonders reicher Auswahl im *Ethnografischen Freilichtmuseum Rumšiškės.* Nicht minder verbreitet sind die traditionellen Handarbeiten von selbst gewebten, mit althergebrachten Mustern und Motiven fein bestickten Leinentischdecken bis hin zu den etwas kratzigen, aber originellen Strickpullovern. Das Angebot an ethnischer Kunst ist überall im Land groß. Besuchen Sie einen der Kunsthandwerksmärkte, die oft im Rahmen der Volksfeste stattfinden. Am schönsten und größten ist der *St.-Kasimir-Jahrmarkt* Anfang März in Vilnius. Insider Tipp Wollen Sie etwas echt Baltisches mit nach Hause nehmen, geht's auch hochprozentig. Die Ostseevölker verstehen sich seit jeher auf die Herstellung kräftiger, aromatischer Kräuterliköre. Legendär ist der *balzamas,* dunkel und abgründig wie Litauens Wälder.

Das allgemeine Warenangebot hat in den größeren Städten europäisches Niveau. Vielerorts finden Sie moderne Supermärkte, die Discounterkette IKI betreibt ein dichtes Netz an Filialen mit riesiger Auswahl, meist Importwaren. Landestypischer (und preisgünstiger) bekommen Sie Lebensmittel auf den traditionellen Märkten, die es in fast jeder Stadt gibt. Hier verkaufen auch viele Bauern ihre Produkte. Die Bauernmärkte sind ein Stück litauischer Lebenskultur und an sich schon einen Besuch wert. Kleine Lebensmittelläden *(parduotuvė)* finden Sie ansonsten auch in ländlichen Regionen überall.

Aus Bernstein wird weit mehr gefertigt als einfach nur Halsketten

Feste, Events und mehr

Litauer feiern gern – ihre Freiheit, christliche Feste und heidnische Bräuche

Es lebe die Freiheit, die Flagge, die Nation: Die Litauer sind so stolz auf ihre wieder gewonnene Unabhängigkeit, dass Außenstehenden schon mal der Überblick schwer fällt ob der vielen patriotischen Gedenktage. Am beliebtesten sind in der katholischen Baltenrepublik natürlich nach wie vor die traditionellen christlichen Feste. Höher denn je im Kurs steht aber auch die heidnische Folklore, allen voran die Sonnenwendfeiern an Johanni. Neben den nationalen und religiösen Feiertagen bietet Litauen vor allem im Sommer eine Vielzahl an regionalen kulturellen und sportlichen Events – vom legendären *Kaunas-Jazz* über Heißluftballon-Wettbewerbe bis zum *Thomas-Mann-Festival* auf der Kurischen Nehrung. Ausführlich und aktuell informieren darüber diverse Litauen-Portale im Internet, z. B. *www.litauen-info.de.*

Nida: Thomas-Mann-Haus

Feiertage

1. Januar *Neujahr und Tag der Staatsflagge;* **13. Januar** *Gedenktag an die Verteidiger der Freiheit;* **16. Februar** *Unabhängigkeitstag;* **11. März** *Tag der wieder erlangten Souveränität;* **März/April** *Karfreitag;* **24. Juni** *Mittsommer (Jonines);* **6. Juli** *Tag des Staats (Krönungstag Mindaugas');* **15. August** *Mariä Himmelfahrt;* **8. September** *Tag der Nation;* **23. September** *Gedenktag für die Holocaust-Opfer;* **25. Oktober** *Tag der Verfassung;* **1. November** *Allerheiligen (Velines);* **25./26. Dezember** *Weihnachten*

Feste und Veranstaltungen

Februar

Fasching *(Užgavėnės):* Karnevalistische Umzüge; als Teufel und Dämonen verkleidete Maskenträger ziehen landesweit von Haus zu Haus. Am Tag vor Aschermittwoch wird »Morė«, eine den Winter symbolisierende Lumpenpuppe, öffentlich verbrannt.

März

Internationaler Frauentag: Obwohl als offizieller Feiertag abgeschafft, freuen sich die Frauen über Blumen (8. März).

Den *Namenstag des hl. Kasimir,* Litauens Schutzpatron, feiert Vilnius mit einem großen Kunsthandwerksjahrmarkt, zu dem aus dem ganzen Land Tausende in die Hauptstadt kommen (14. März).

Auch den *Frühlingsanfang* feiern die Litauer vielerorts ausgelassen mit Gesang und Tanz und großen Feuern (21. März).

Alle zwei Jahre findet Ende März das *Internationale Jazz-Festival Birštonas* statt (nächster Termin 2006).

April

Insider Tipp *Tag der Streiche*: scherzhaft schriller Nationalfeiertag in der »Freien Republik Užupis« *(www.uzupis.com)*, dem alternativen Künstlerviertel von Vilnius (1. April)

Mai

Folklorefestival »Skamba Skamba Kankliai« (»Es klingen und klingen die Zithern«) in Vilnius (letztes Mai-Wochenende).

Dreiwöchiges *Internationales Theaterfestival* in Vilnius, größtes Theaterfest im Baltikum (Mai/Juni).

Juni

Die *Sommersonnenwende* wird an vielen Orten mit Johannisfeuern, Tanz, traditionellen Trachten und Speisen ausgelassen gefeiert. Berühmt sind die Johannisfeste auf dem Rambynas und in Kernavė (23./24. Juni).

Juli/August

Thomas-Mann-Festival in Nida auf der Kurischen Nehrung: Lesungen und Konzerte im einstigen Sommerhaus des Schriftstellers *(www.thomas-mann-festival.de)*.

September

Das altlitauische *Ernteopferfest* mit Tanz und Gesang ist landesweit beliebt, doch die Insider Tipp schönsten Erntefeste feiert man in der Dzūkija, wo dieser Brauch sehr tief verwurzelt ist (21. Sept.).

Dezember

Das *Blukas-Fest* geht auf heidnische Traditionen zurück. Vermummte Gestalten schleppen am Weihnachtsvorabend einen alten Baumstubben von Haus zu Haus, der das vergangene Jahr symbolisiert und in dem man unerfüllte Wünsche zurücklassen soll (23. Dez.).

Vilnius: Osterprozession

Litauens barocke Metropole

Die Vielvölkerstadt Vilnius pflegt ihre alten Kirchen und baut auf den Optimismus ihrer jungen Bewohner

Karte in der hinteren Umschlagklappe

Früher hieß es, in jeder Richtung, in die man in Vilnius **[115 E–F4]** schaut, erblicke man mindestens drei Kirchen. In den letzten Jahren sah man allerdings vor allem Baustellen – und immer noch wird überall in Litauens Hauptstadt renoviert, restauriert, erneuert. Vilnius, 590 000 Ew., ist in jeder Hinsicht das Zentrum des Landes, politisch, kulturell, wirtschaftlich. 60 Prozent aller Auslandsinvestitionen fließen derzeit in die Metropole, und seit dem EU-Beitritt steigt die Nachfrage weiter.

Die Stadt ist ein Schmelztiegel der Kulturen, mit der ältesten Universität des Baltikums, zehn Theatern, fast dreißig Museen, einem pulsierenden Nachtleben. Kein Wunder, dass Vilnius auf die junge Generation wie ein Magnet wirkt. Wer in Litauen nach oben will, zieht in die Hauptstadt, deren Bürgermeister selbst erst Ende dreißig ist und in seinem Büro eine Webcam installiert hat, sodass man ihm via Internet live bei der Arbeit zuschauen kann.

Einzigartig: die prächtige Stuckatur in der Peter-und-Paul-Kirche

Die Skulptur »Fest der drei Musen«

Vilnius ist berauschend schön und vereint viele Baustile in sich, von der Gotik bis zum Klassizismus, doch seine Prägung erhielt das »Rom des Nordens« im Spätbarock. In der Altstadt, der größten Osteuropas, reihen sich prachtvolle Bürger- und Kaufmannshäuser, Kirchen und Klöster aneinander.

Vielvölkerstadt Vilnius. Wohl keine europäische Hauptstadt wechselte so oft Namen und Herren, allein im 20. Jh. acht Mal. Für die Litauer heißt sie Vilnius, Deutsche und Weißrussen sagen Wilna, die Russen Wilno, die Juden Vilne. Die Polen betrachteten ihr Wilno so kompromisslos als urpolnische Stadt, dass sie sie in der Zwischenkriegszeit okkupierten – was ihnen manche Litauer bis heute nicht verzeihen, selbst wenn der Streit offiziell beigelegt ist.

Das schick renovierte Aušros-Tor ist Vilnius' einziges erhaltenes Stadttor

Vilnius wuchs an allem, überstand Polonisierung und Russifizierung und leidlich selbst die lange Nacht der Sowjetagonie. Die Stadt baut auf den Optimismus ihrer jungen Bewohner und darauf, dass toleranter Katholizismus, multikulturelle Offenheit und das neue Europa ganz gut zusammenpassen. Entsprechend selbstbewusst bereitet sie sich darauf vor, 2009 ein Jahr lang »Kulturhauptstadt Europas« zu sein. Viele werden kommen – und sich wundern. Es fällt leicht, fasziniert zu sein von dieser barocken, lebensfrohen, grünen Metropole, in der man mitunter das Gefühl hat, in Italien oder Spanien zu sein. Der Osten scheint fern. Doch ist das ein Wunder? Schließlich liegt der Mittelpunkt Europas nur 25 km vom Stadtzentrum entfernt.

SEHENSWERTES

Alumnat (Alumnatas)

So vornehm wohnten einst Studenten. Das 1582–1622 erbaute Internat mit seinem prächtigen Arkaden-Innenhof im Stil der italienischen Hochrenaissance liegt nahe der Universität. Heute sitzen hier Behörden, es gibt aber auch ein gemütliches Café, und der Innenhof ist allemal sehenswert. *Universiteto*

Aušros-Tor (Aušros vartai) und südliche Altstadt

Mild lächelnd, ein wenig wehmütig fast, blickt die *Barmherzige Muttergottes* gesenkten Hauptes auf die Gläubigen herab, die vor ihr niederknien und beten. Das in Gold, Silber und Edelsteine gefasste, von zahllosen Votivgaben umgebene Marienbild in der klassizistischen Aušros-Torkapelle (1829) gilt als wundertätig und ist ein Wallfahrtsort für Katholiken aus ganz Osteuropa. Wegen der berühmten Madonna blieb das 1503–22 im Stil der Hochrenaissance erbaute »Tor der Morgenröte« sogar vom Abriss verschont und ist heute das letzte erhaltene Tor (von einst neun) der alten Stadtmauer.

Über die malerische *Aušros vartų* mit ihren gotischen und barocken Bürgerhäusern gelangen Sie von hier aus in die südliche Altstadt und kommen dabei am ehemaligen Basiliuskloster und der Philharmonie vorbei. Gleich zu Beginn liegt rechts die russisch-orthodoxe *Heiliggeistkirche (Šv. Dvasios cerkvė)*, aus dem 17. Jh., die daran erinnert, dass in diesem Stadtteil einst russische Kaufleute lebten. Ihre Krypta birgt die Gebeine des hl. Antonius. Heute erklingen in der mit uralten Ikonen geschmückten Kirche bei Gottesdiensten entrückte Insider Tipp orthodoxe Chorgesänge (Beginn tgl. 17 Uhr).

Fernsehturm

Litauens Wolkenkratzer misst stolze 326 m, von der Aussichtsplattform (165 m) hat man bei klarem Wetter 60 km Fernsicht, die sich im Drehrestaurant *Paukščių takas (tgl., Tel. 5/245 88 77, €€)* auf 165 m auch bei einem Cappuccino genießen lässt. In der Adventszeit dekoriert Vilnius seinen TV-Tower mit viel Licht zum guinness-bookbestätigten »höchsten Weihnachtsbaum der Welt« um. An ein tragisches Kapitel litauischer Geschichte erinnern Mahnmale und eine bedrückende Ausstellung im Erdgeschoss: Hier fanden 14 unbewaffnete Litauer den Tod, als sowjetische Spezialeinheiten den Fernsehturm am 13. Januar 1991 stürmten. *Sausio 13-osios 10 (im Norden der Stadt), tgl. 10–21 Uhr, Eintritt inkl. Lift 20 Lt.*

Frank Zappa Memorial Insider Tipp

Auf einer kleinen Grünfläche vor einer Klinik steht etwas einsam das Denkmal des 1993 verstorbenen charismatischen Sängers und Komponisten: eine zierliche Büste auf einer Metallsäule, dahinter zauberten Graffitisprayer ein kunstvolles Zappa-Bildnis an eine Mauer. Aufgestellt wurde die Büste 1995 auf Initiative unabhängiger Künstler; Zappa ist auch Schutzpatron der »Republik Užupis«. In Vilnius war er allerdings nie. *Kalinausko 1*

MARCO POLO Highlights »Vilnius und Umgebung«

★ **Gediminas-Prospekt**
Zwischen Kathedrale und Parlament pulsiert das Leben (Seite 30)

★ **Pilies gatvė**
Die südliche Altstadt ist berühmt für Kunsthandwerk und viele Cafés (Seite 32)

★ **Gediminas-Turm**
Der schönste Blick auf 40 Kirchen (Seite 30)

★ **Gotisches Ensemble**
St. Annas Backsteinkunst stellt allen Barockrausch in den Schatten (Seite 31)

★ **Trakai**
Europas einzige gotische Inselburg (Seite 41)

★ **Universität**
Die Stadt in der Stadt umschließt zwölf prachtvolle Innenhöfe (Seite 32)

Wie eine Flamme sticht die Annakirche mit ihrem frei stehenden Glockenturm in den Himmel – dahinter sieht man die Bernhardinerkirche

Gediminas-Prospekt (Gediminos prospektas)

★ Die Lebensader der Neuen Stadt (Lukiškes) führt von der Kathedrale schnurgerade in westliche Richtung über den *Lukiškių aikštė* (vom einstigen Leninplatz gingen 1991 die Bilder des gestürzten Lenindenkmals um die Welt) bis hinunter zum Parlament *(Seimas)* am *Nepriklausomybės aikšte,* dem Unabhängigkeitsplatz. Es ist die Magistrale des modernen Vilnius, der Banken, Hotels und Ministerien, aber auch Hauptgeschäftsstraße, Boulevard der Schönen und der Nachtschwärmer. Unterwegs kommen Sie am *Schauspielhaus* mit der ausdrucksstarken Skulptur der »Fest der drei Musen« vorbei und kreuzen dann die Vilniaus am *Savivaldybės aikštė,* dem wohl belebtesten Platz der Innenstadt mit dem neuen *Rathaus* und dem *Regierungspalast.* Am Parlamentsgebäude, das auch die *Martynas-Mažvydas-Nationalbibliothek* birgt, erinnern Reste der Barrikaden an die Dramatik des Januar 1991, als Litauen seine zurückerkämpfte Freiheit verteidigte.

Gediminas-Turm (Gedimino bokštas)

★ Der wuchtige Gediminas-Turm auf dem 142 m hohen *Burgberg (pilies kalnas)* ist das Wahrzeichen von Vilnius. Den Aufstieg lohnt allein schon der Blick, der sich vom Burgberg und noch schöner von der Plattform des achteckigen Backsteinturms auf die Ziegeldächer und Kirchen der Altstadt bietet. Wer nicht auf dem Gediminas-Berg war, hat Vilnius nicht gesehen, sagen die Litauer. Für sie ist der Turm, auf dem seit 1991 wieder die Staatsflagge weht, zugleich ein Symbol des Nationalstolzes. Drinnen erinnert ein Museum, das *Aukštutinės pilies muziejus (Di–So*

11–17 Uhr) an die Obere Burg, die hier einst stand – gegründet 1323 von Großfürst Gediminas, der Litauen mächtig und Vilnius zur Hauptstadt machte.

Gotisches Ensemble (Šv. Onos ir Bernadinų bažnyčia)

★ Vilnius ist eine Barockstadt, doch die schönste ihrer 42 Kirchen flammt im Rot der Backsteingotik: Die anmutige, aus 33 Ziegelarten erschaffene *Annakirche* ist ein Juwel spätgotischer Baukunst und sucht in Nordosteuropa ihresgleichen. Napoleon war von der Vollkommenheit dieses Stein gewordenen Gottesdiensts so ergriffen, dass er die Annakirche »auf die Handfläche nehmen und nach Paris tragen« wollte. Gegen die filigrane Pracht und verspielte Symmetrie ihres Westgiebels wirkt die große, 1519 erbaute *Bernhardiner-Kirche* des gleichnamigen einstigen Klosters nebenan schlicht und schwer. Zusammen bilden die »ungleichen Schwestern« das berühmte Gotische Ensemble und für die meisten Vilnius-Besucher das Highlight des Stadtrundgangs. *Maironio 8, Öffnungszeiten Annakirche: Mo–Sa 10–15 u. 17–19, So 8–13 Uhr*

Gegenüber vom Gotischen Ensemble steht die Renaissancekirche *St. Michael,* deren palastartiger Saal das *Litauische Architekturmuseum* beherbergt *(Architektūros muziejus, Mi–Mo 11–17 Uhr).*

Wenn Ihnen nach so viel Baukunst der Sinn nach Natur steht, schlendern Sie durch den *Sereikiškės-Park,* der mit alten Bäumen gleich hinter der Bernhardiner-Kirche an der Vilnia entlangführt. In diesem ältesten Park von Vilnius lagen einst die Klostergärten.

Kathedralenplatz (Arkikatedros aikšte)

Wer die erzbischöfliche Hauptkirche von Vilnius mit ihren 20 m hohen, strahlend weißen dorischen Säulen und den Heiligenskulpturen auf dem Portikus zum ersten Mal sieht, denkt unwillkürlich an einen griechischen Tempel. Nichts erinnert mehr an die gotische Kirche, die hier einst stand: Architekt Laurynas Stuoka-Gucevičius übernahm nur den Grundriss, als er die *Kathedrale St. Stanislaus (Arkikatedra bazilika)* 1783 im damals ultramodernen Stil des Klassizismus neu aufbaute. In ihrem Inneren birgt sie Gemälde und einen barocken Altar, doch am berühmtesten ist die *Kasimir-Kapelle,* in der Litauens Nationalheiliger begraben liegt. Der 57 m hohe, frei stehende Glockenturm mit seinen 4 m dicken Mauern erinnert im Sockel noch die Untere Burg, die Keimzelle von Vilnius. König Mindaugas ließ an dieser Stelle 1251 die erste Kirche Litauens bauen. Um sie herum wuchs die Burg.

Auf dem Kathedralenplatz pulsiert heute das Leben. Er ist das Herz der Stadt und beliebtester Treffpunkt junger Leute, der Studenten und Bühne der Skateboardszene. Auch Spaziergänge durch Vilnius beginnen Sie am besten hier, wo die großen Straßen zusammenlaufen und viele Sehenswürdigkeiten nahe liegen. *Katedros 1*

Peter-und-Paul-Kirche (Šv. Petro ir Povilo bažnyčia)

Apostel und Heilige, Fürsten, Ritter, Bettler, Menschen unterschiedlichsten Standes und Alters vom Kind bis zum Greis, Tod und Teufel in biblischen Szenen, Schlachten und philosophischen Sujets: Über 2000 Stuckfiguren schauen von Kuppel, Bögen und reich verzierten Wänden herab – und nicht ein Gesicht, nicht eine Pose, nicht ein einziges Motiv wiederholt sich. Italienische Meister schufen dieses schönste Werk des litauischen Hochbarocks in fast 20-jähriger Arbeit. *Antakalnio 1, tgl. 7–12 u. 14–19 Uhr*

Pilies gatvė

★ Die *Burgstraße,* die älteste Straße der Altstadt, verband einst die Untere Burg mit dem Marktplatz. Wunderschön restaurierte Kaufmannshäuser, verwinkelt abzweigende Gassen, mittelalterliche Hinterhöfe, Torbögen, Museen, barocke Kirchen und alte Klöster laden zum Bummeln und Flanieren ein. Die Pilies und ihre Verlängerung *Didžioji gatvė*, die Große Straße, sind berühmt für ihr Kunsthandwerk, den großen Souvenirmarkt und viele Straßencafés.

Insider Tipp **Republik Užupis**

Der »Montmatre von Vilnius«. Hier wohnen vor allem Künstler und Leute, die bewusst und reichlich satirisch gegen Zeitgeist und Konsumwahn anleben und ihr Viertel jenseits der fünf Vilnia-Brücken zum Zeichen dessen 1997 als »Unabhängige Republik Užupis« ausriefen. In deren Verfassung steht, dass jeder Einwohner das Recht hat, missverstanden zu werden und unglücklich zu sein. Die 2000 Bewohner haben spezielle Pässe, unter ihnen auch Bürgermeister Artūras Zuokas und der Dalai Lama, der das Viertel 2001 besuchte und zum Ehrenbürger ernannt wurde. Besucher können sich am Sitz der »Regierungsbehörde« in der *Galeriekneipe Užupio Kavinė* gleich hinter der Užupio-Brücke ein Visum in den Pass stempeln lassen *(Tel. 5/212 21 38, tgl. 10–23 Uhr).*

Alljährlich am 1. April feiern die Užupianer mit einem »Staatsakt« ihre Unabhängigkeit, und auch sonst gibt's übers Jahr allerhand schräge Feiertage, so das Neujahrsfest (21. März) mit der symbolischen Verbrennung aller Vorurteile. Das Wahrzeichen der schrägen Republik steht auf einer Säule mitten auf dem Marktplatz: ein goldener Posaunenengel. *www.uzupis.com*

Synagoge

Die einzige erhaltene von einst fast hundert Synagogen in Vilnius wurde 1894 erbaut, überstand die Nazi- und die Sowjetzeit. Heute feiert hier wieder die jüdische Gemeinde ihre Gottesdienste. *Pylimo 39, So bis Fr 10–14 Uhr*

Universität

★ Die »Alma Mater Vilnensis«, 1579 aus einem Jesuitenkolleg hervorgegangen und älteste Hochschule des Baltikums, ist eine Welt für sich. Der palastartige Gebäudekomplex mitten in der Altstadt verbindet Barock, Renaissance und Klassizismus und umschließt zwölf Innenhöfe. Besonders schön sind der offene *Bibliothekshof,* an dem sich der Eingang befindet, der belebte *Sarbievius-Hof,* vor allem aber der *Große Hof* mit seinen offenen Arkadengängen, gerahmt von der spätbarocken *Johanneskirche.* Die einstige Universitätskirche mit ihrem frei stehenden Renaissance-Glockenturm, dem höchsten der Altstadt (68 m), birgt heute das *Wissenschaftsmuseum (Mo–Sa 10 bis 17 Uhr)* und einen prunkvollen, aus zehn Altären komponierten barocken *Hauptaltar.*

Sehenswert sind auch die beiden prächtigen *Lesesäle der Universitätsbibliothek,* deren Bestand aus 5 Mio. Bänden, 180 000 Handschriften aus dem 13.–15. Jh., Inkunabeln und über tausend historischen Atlanten zu den wertvollsten Osteuropas gehört. Um die Bibliothek zu besichtigen, melden Sie sich im *Littera-Buchladen* gleich vorn im Bibliothekshof. Dort gibt es auch ein kostenloses Faltblatt über die Uni, die u. a. das weltweit erste »Zentrum für staatenlose Kulturen« (Roma, Tataren usw.) besitzt. *Universiteto 3, Tel. 5/268 72 98, www.vu.lt, Mo–Sa 7.30–17 Uhr*

Vingis-Park (Vingio parkas)

Der größte, älteste und beliebteste aller Stadtparks liegt in einer weiten Flussschleife der Vilnia. Auf und vor der großen Amphitheaterbühne ist im Sommer immer etwas los. Alle vier Jahre finden hier die legendären Liederfeste statt, der Papst hielt dort 1993 eine Messe. Ein Teil des Parks ist als *botanischer Garten* der Universität reserviert *(Botanikos sodas, Führungen: Tel. 5/234 44 50).* Vergnügungspark im Vingis-Park und Fahrradverleih: *Gedimino 100, Tel. 5/222 02 76*

MUSEEN

Genozid-Gedenkstätte Paneriai (Panerių memorialas)

Zwischen 1941 und 1944 brachten SS-Schlächter und ihre litauischen Helfer im Wald von Paneriai etwa 100 000 Menschen um, die meisten davon Juden. Eine in ihrer Schlichtheit umso mehr bedrückende Gedenkstätte an den vier Erschießungsgräben erinnert an den Massenmord. *Agrastų 17, Paneriai (10 km südwestlich vom Zentrum Vilnius'), Genozid-Museum Mi–Sa 11–18 Uhr*

Ruhe bitte! Der Pranas-Smuglevičius-Saal (17. Jh.) der Universitätsbibliothek

Nach der Gestapo kam der KGB – das KGB-Museum zeigt das Grauen

KGB-Museum (Genocido aukų muziejus)

Welche Qualen politische Häftlinge in der sowjetischen Besatzungszeit durchlitten, ist auf sehr bedrückende Weise in der ehemaligen Gestapo- dann KGB-Kommandozentrale (1945–91) erlebbar. Einige Führer durch die beklemmende Ausstellung saßen selbst in den Folterzellen. *Aukų 2 (Gediminas-Prospekt), www.genocid.lt, Di–So 10–17 Uhr*

Litauisches Nationalmuseum (Lietuvos nationalinis muziejus)

Die Geschichte Litauens von der Steinzeit bis in die Gegenwart. Das größte Museum des Landes im *Neuen Arsenal* auf den Überresten der Unteren Burg zeigt 700 000 Exponate aus Archäologie, Volkskunst, Architektur. Für Geschichtsfans ein Muss. Vor dem Museum thront herrschaftlich König Mindaugas. *Arsenalo 1, www.lnm.lt, Di–So 10–17 Uhr (Mi freier Eintritt)*

Nebenan, im *Alten Arsenal* am Fuß des Burgbergs, kann die Besichtigungstour weitergehen. Dort zeigt das *Museum für Angewandte Kunst (Taikomosios dailės muziejus)* historische Möbel, Malerei und Keramik. *Di–So 11–17 Uhr*

Puschkin-Gedenkmuseum (Puškino memorialinis muziejus)

Grigorij Puschkin, Sohn des russischen Dichters, lebte und starb in Vilnius. Das kleine Holzhaus ist heute Museum, zu sehen sind unter anderem die originalen Möbel. *Subačiaus 124, Mi–So 10–17 Uhr*

Staatliches Jüdisches Museum (Lietuvos valstybinis zydų muziejus)

Sechs Jahrhunderte blühte das jüdische Leben in Vilne, dem »Jerusalem des Nordens«. Vier Jahre brauchten die Nazis, um alles auszulöschen. Die bewegende Ausstellung in dem grünen Holzhaus bewahrt das Gedächtnis an die Litvak-Kultur und an Vilnius als Zentrum der jüdischen Aufklärung, sie zeichnet den Ghettoalltag und den Holocaust nach und informiert über Neuanfänge wie das »Jewish Ghetto Project«: Es ist geplant, bis 2008 einen Teil des mittelalterlichen jüdischen Viertels wieder aufzubauen – u. a. die Bank, das Schlachthaus und die Große Synagoge. *Pamėnkalnio 12, Mo–Do 9–17 Uhr*

(Führungen auch auf Deutsch). Eine Filiale des Museums befindet sich im Jüdischen Gemeindezentrum *Pylimo 4. www.yiddishvilnius.com, www.litjews.org*

Untere-Burg-Museum (Žemutinės pilies muziejus)
Das dritte im Bund der Museen am Fuß des Burgbergs. Was die archäologische Forschung auf dem Kathedralenplatz ans Tageslicht brachte, ist hier ausgestellt. *Katedros 3, Mo bis Fr 9–17 Uhr*

ESSEN & TRINKEN

In Vilnius muss sich die einheimische Küche gegen armenische, ungarische, mongolische, arabische, indische, thailändische Konkurrenz behaupten. Die gastronomische Vielfalt hat längst westliches Niveau erreicht, und ständig kommen neue Restaurants, Kneipen, Cafés hinzu.

Amatininkų Užeiga
Populär nicht erst seit dem Besuch Gerhard Schröders (der sich hier beim Stadtbummel mit Präsident Valdas Adamkus spontan ein Bier genehmigte). In der urigen »Handwerkerschenke« gibt's beste litauische Kost, und das noch weit nach Mitternacht. Am Wochenende Tanz. *Tgl. bis 5 Uhr, Didžioji 19, Tel. 5/261 79 68,* €€

Café de Paris
Frühstück mit Café au lait und Croissants, aber auch Weine und Crêpes im französischen Kulturzentrum. *Tgl., Didžioji 1, Tel. 5/261 10 21,* €

Freskos
Gehobenes Speisen im alten Rathaus. Interieur aus Theaterkostümen und Bühnenrequisiten, vorzügliche Küche mit europäischen Gerichten. *Tgl., Didžioji 31, Tel. 5/261 81 33,* €€€

Geltonoji Upė
Der beste Chinese der Stadt, sehr stilvoll mit exzellenter Küche. *Mo geschl., Stiklių 18, Tel. 5/212 28 75,* €€€

Idabasar
Das litauisch-deutsche Restaurant besitzt auch einen gemütlichen Bierkeller. *Tgl., Subačiaus 3, Tel. 5/262 84 84, www.idabasar.lt,* €€

Keisti Ženklai
Einfaches Altstadtlokal mit guter litauischer Küche, sehr populär bei den Einheimischen, denn alles ist lecker und sehr preiswert. *Tgl., Trakų 13, Tel. 5/261 83 93,* €

Lokys
Gotisches, etwas düsteres Kellergewölbe, rustikale Atmosphäre, ein ausgestopfter Bär *(lokys)* schaut beim Essen zu. Vorzügliche Wildgerichte. *Tgl., Stiklių 8, Tel. 5/262 90 46,* €€

Stikliai
Dass in dem Edelrestaurant Royals, Staatsgäste und Prominente speisen, hat dem Stikliai zu fast legendärem Ruf verholfen. Dabei ist die französisch geprägte Küche vor allem teuer. *Tgl., Gaono 7, Tel. 5/262 45 01,* €€€

Tores
Internationale und heimische Küche in großer Auswahl, doch das Schönste ist der traumhafte Blick von der Gartenterrasse über die Altstadt: Das Restaurant liegt hoch

An der einem Tempel ähnelnden Kathedrale beginnt die Flaniermeile: der Gediminas-Prospekt mit seinen Konsumtempeln

über der Vilnia im Künstlerviertel Užupis. Entsprechend reich ist das Kulturprogramm: Zum Abendessen gibt's oft Livemusik. *Tgl., Užupio 40, Tel. 5/262 93 09, www.tores.lt, €*

Žemaičių Smuklė

In dem beliebten Restaurant wird altlitauisch aufgetischt und selbst gebrautes Bier eingeschenkt. Man kann im Keller sitzen, aber wenn das »Zemaitische Schatzkästchen« im Sommer den Innenhof öffnet, ist es dort am schönsten. *Tgl., Vokiečių 24, Tel 5/261 65 73, €€*

Insider Tipp

EINKAUFEN

Die Haupteinkaufsstraßen sind der *Gediminos prospektas,* die *Vilniaus* und die *Basanaviųiaus.*

Souvenirs und mehr

Souvenirs suchen Sie am besten in der südlichen Altstadt, zum Beispiel bei *Sauluva (Mykolo 4 u. Literatu 3, www.sauluva.lt)* und im *Souvenirmarkt (Pilies 22 u. 23)*: Kunsthandwerk, Geschnitztes, Gewebtes, Keramik und Kirchenmalerei – hier wird so gut wie jeder Geschmack bedient. *Tgl. 9–19 Uhr*

Das beste Angebot an ausländischer Literatur hat der Buchladen *Littera* im Universitätshof, ein Besuch lohnt sich aber schon wegen der bemalten Gewölbedecken *(Universiteto 3, Mo–Fr 9–18, Sa 10–15 Uhr).* Wer gern nach Antiquitäten sucht, findet in der *Dominikonų gatvė* interessante Läden, z. B. *Senasis Kuparas, Dominikonų 14, Di–Sa 9–18 Uhr, www.kuparas.lt*

(Super-)Märkte

Die litauische Discounterkette IKI hat in den letzten Jahren überall in Vilnius moderne Supermärkte aus dem Boden gestampft. Doch das *Akropolis* stellt alles in den Schatten: ein Einkaufszentrum amerikanischer Dimension mit Maxima-Markt und über hundert Geschäften, Restaurants, Kinoforum und Vergnügungspark. *Ozo 25, www.akropolis.lt, tgl. 8–24 Uhr*

Die vorläufige Spitze der litauischen Megamarktwirtschaft markiert der 2005 eröffnete futuristische Shoppingtempel *Europos Centras. Konstitucijos pr. 7, tgl. 10–22 Uhr, www.europa.lt*

Eine Sehenswürdigkeit für sich ist der basarhafte riesige *Gariūnai-Markt* etwas außerhalb von Vilnius an der Schnellstraße Richtung Kaunas. Hier gibt's buchstäblich alles vom Angelhaken bis zum Autoreifen, Berge von Obst und Gemüse, Blumen, Honig. *Gariūnų, Di–So 8–18 Uhr*

ÜBERNACHTEN

Es gibt inzwischen etwa hundert Hotels von Luxus bis schlicht. Die meisten Häuser sind in den letzten Jahren aufwändig renoviert worden und bieten westlichen Standard. Allerdings auch bei den Preisen: Vilnius ist deutlich teurer als alle anderen Städte Litauens. Vor allem die günstigen Hotels und Gästehäuser sind oft ausgebucht, daher sollte man unbedingt zeitig reservieren.

Astorija
Viersterneluxus (SAS Radisson) hinter renovierter Barockfassade, schöne Lage am Altstadtrand mit Blick auf den Kathedralenplatz. *120 Zi., Didžioji 35, Tel. 5/212 01 10, Fax 212 17 62, www.radissonsas.com,* €€€

Centro Kubas
Kleines, folkloristisch geschmücktes Altstadthotel mit gemütlichen Zimmern. Etwas kitischig, aber schöne, ruhige Lage nahe der Uni. *14 Zi., Stiklių 3, Tel. 5/266 08 60, Fax 266 08 63, www.centrokubas.lt,* €€

Deutsche Straße

Vom Wilnaer Ghetto blieb kaum eine Spur

Vokiečių gatvė, die »Deutsche Straße«, galt bis ins 20. Jh. hinein als die Hauptgeschäftsstraße der Altstadt. Hier lebten vor allem jüdische Händler und Handwerker. Mit der deutschen Besatzung brach der Holocaust über diese Welt herein: Die Nazis errichteten Anfang September 1941 beiderseits der Deutschen Straße zwei Ghettos, in denen sie bis zu 40 000 Juden zusammenpferchten. Die etwa 11 000 Bewohner des sogenannten Kleinen Ghettos ermordeten sie schon wenige Wochen später. Am 23. September 1943 wurde auch das Große Ghetto liquidiert und fast alle Insassen in KZs deportiert. Heute erinnert im einstigen jüdischen Viertel kaum noch etwas an diese grausige Vergangenheit und die Opfer: Nur wenige Gedenktafeln mahnen, so in der Gaono 3 an der österreichischen Botschaft und in der Rūdninkų 18, wo 1942/43 das Ghettotheater stand. *www.yiddishvilnius.com*

City Park
Neues, sehr modernes Hotel in exklusiver Lage in einer Seitenstraße am Kathedralenplatz. *75 Zi., Stuokos-Gucevičiaus 3, Tel. 5/212 35 15, Fax 210 74 60, www.citypark.lt,* €€–€€€

Insider Tipp **Domus Maria**
Im 15. Jh. wohnten hier Nonnen vom Orden der Unbeschuhten Karmeliterinnen. Heute bietet das 2004 restaurierte und zum Gästehaus umgebaute einstige Kloster einfache, aber günstige Zimmer in bester Altstadtlage am Aušros-Tor. *39 Zi., Aušros vartų 12, Tel. 5/264 48 80, Fax 264 48 78, www.domusmaria.vilnensis.lt,* €

Filaretai
Übernachten in Zwei- bis Achtbettzimmern, günstig für Gruppen. Duschen, Küche und Waschmaschine, Frühstück. Gute Stimmung, nette Leute, Reisetipps. Auch für Nichtmitglieder. *13 Zi., Filaretų 17, Tel. 5/215 46 27, Fax 212 01 49, www.filaretai.8m.com,* €

Litinterp
Kleine Pension mit ganz einfachen Zimmern und Gemeinschaftstoilette, dafür mitten in der Altstadt und unschlagbar im Preis. Litinterp vermittelt auch Bed & Breakfast in Vilnius und Umgebung. *15 Zi., Bernardinų 7, Tel. 5/212 38 50, Fax 212 35 59, www.litinterp.lt,* € Insider Tipp

Insider Tipp **Mabre Residence**
Stilvoll in einem alten Kloster eingerichtetes Hotel, Toprestaurant (Steakhouse), Sauna, Pool. Alles vom Feinsten. *34 Zi., Maironio 13, Tel. 5/212 21 95, Fax 212 22 40, www.mabre.lt,* €€€

Mikotel
Einfaches Hotel in Bahnhofsnähe, bei Vilnius-Stammgästen sehr beliebt, da sauber und günstig. *24 Zi., Pylimo 63, Tel. 5/260 96 26, Fax 260 96 27, www. mikotel.lt,* €

AM ABEND

Connect
Der Dance-Club im Zentrum für moderne Kunst zählt seit seiner Eröffnung zu den angesagtesten Treffs der Stadt, hier legen die besten DJs Litauens und europäische Stars der Szene auf. Super Sound, tolle Stimmung. Etwas ruhiger geht's im Lounge-Club zu. *Mi–Sa 22–4 Uhr, Vokiečiu 2, www.connectclub.lt*

Geležinis Vilkas
Nachtclub mit Kultcharakter. Den Laden schmücken eine Sammlung von Leninbildern, jede Menge Sowjet-Retrokrempel und Diktatorenspott von der Speisekarte bis zum Toilettenpapier. Tagsüber Restaurant mit (natürlich) russischer Küche (€€–€€€). *Tgl. 20–6 Uhr, Lukiškų 3, Tel. 5/212 47 51*

Nationale Philharmonie (Nationalinė filharmonija)
Das Nationale Philharmonische Orchester gehört zu den besten im Baltikum. In der Philharmonie geben auch Jazzer und Kirchenchöre Konzerte. *Aušros vartų 5, Kartenvorbestellung: Di–Sa 11–19, So 11–13 Uhr, Tel. 5/212 22 90, www.filharmonija.lt*

Tamsta
Ausgesucht cooler Musikclub mit Gewicht auf Jazz, Hip-Hop und Funk. Freitags und samstags »Stardom-Night« mit Konzerten lokaler Insider Tipp

und internationaler Bands, dann wird's meist rammelvoll. *Mi–Sa 19–3 Uhr, Strazdelio 1, www.tamstaclub.lt*

Ultra Imperiale

Riesiger Diskopalast mit mehreren Tanzebenen, auch Liveacts, am Wochenende immer rappelvoll. *Do–Sa 20–6 Uhr, Goštauto 12, Eintritt 7–17 Lt.*

AUSKUNFT

TIC

Der Service von Auskunft bis Zimmervermittlung lässt keine Wünsche offen. In den TIC erhalten Sie auch die »Vilnius Card« für Ermäßigungen in Museen, Veranstaltungen usw. *(www.vilniuscitycard.lt). Vilniaus 22* (mit Infocomputer, auch auf Deutsch), *Tel. 5/262 96 60, Fax 262 81 69* und *Didžoji 31, Tel. 5/262 64 70, Fax 262 07 62, www.vilnius-tourism.lt*

Hilfreich und für aktuelle Angebote geradezu unentbehrlich ist in jedem Fall der offizielle und sechsmal jährlich frisch erscheinende Stadtführer »Vilnius In Your Pocket« (8 Lt.). Jungen Leuten bis 26 und Studenten zu empfehlen: die günstigen Angebote (Tickets, Unterkünfte, Führungen) des *Lithuanian Student and Youth Travel Bureau, Basanavičiaus 30, Tel. 5/239 73 97, Fax 239 73 86, www.jaunimas.lt*

ZIELE IN DER UMGEBUNG

Dieveniškės **[115 F5]**

Schon die geografische Lage macht diese an drei Seiten von Weißrussland umschlossene Landnase 70 km südöstlich von Vilnius interessant. In und um den Hauptort Dieveniškės leben sehr viele Polen in kultureller Autonomie, die Dörfer dieser ethnologisch sehr eigenartigen Region haben ihre Identität und Kultur bis hin zur Sprache bewahrt. Im landschaftlich schönen Regionalpark sind mehrere Radwanderrouten ausgeschildert. *Infozentrum: Poškonys, Tel. 380/466 24, Fax 528 26*

Europa-Park (Europos parkas) **[115 F3]**

Als der junge Bildhauer Gintaras Karosas 1991 begann, in einem Wald 18 km nordöstlich von Vilnius einen Skulpturenpark anzulegen, hielten ihn alle für verrückt. Zumal er behauptete, die Mitte Europas liege in Wahrheit ebendort, nämlich 14 km südöstlicher als von den Franzosen berechnet. Inzwischen ist Gintaras Karosas ein Star und sein Europa-Park nationale

In der Region Dieveniškės ist der fliegende Händler noch ein Ereignis

1253 wurde Mindaugas zum König gekrönt: Gedenkstein bei Medininkai

Kultstätte: Schon 90 Skulpturen von Künstlern aus aller Welt, darunter so renommierter wie Sol LeWitt und Dennis Oppenheim, stehen in dem 55 ha großen Museum. Karosas selbst schuf ein Labyrinth aus 3000 alten Fernsehern und einer gestürzten Leninskulptur: »LNK Infobaum« heißt die Installation, die die Manipulation durch Ideologie und Medien symbolisiert und inzwischen sogar im Guinness-Buch der Rekorde steht. *Tgl. 9 Uhr bis Sonnenuntergang, Joneikiškių, Anfahrt über Verkiai, www.europosparkas.lt*

Kernavė **[115 E3]**

Hier residierten König Mindaugas und Großherzog Traidenis. Fünf imposante Schüttburgen (Burghügel) sind übrig geblieben von Litauens ältester bekannter Hauptstadt – noch vor Trakai. Heute ist Kernavė, 40 km nordwestlich von Vilnius, landesweit berühmt als archäologisches und historisches Reservat. Über Ausgrabungsergebnisse und die Erforschung von 3000 Jahren Siedlungsgeschichte informiert ein *Museum (Kerniaus 4, Mi–So 10–17 Uhr, Mai/Juni auch Di)*.

Die Burghügel des »litauischen Troja« zu besteigen ist ein Erlebnis, doch noch mehr Spaß macht es, hier das Sonnenwendfest am 24. Juni, eins der schönsten Litauens, mitzufeiern. Viel los ist auf Kernavė auch während der »Tage der lebendigen Archäologie« Anfang Juli, mit steinzeitlichem Handwerk, Bogenschützenwettstreit und altlitauischer Bewirtung. *Infos: Tel. 382/473 71, www.litauen-info.de*

Medininkai **[115 F4]**

Jedes litauische Kind lernt diesen kleinen Ort im Geografieunterricht kennen, denn bei Medininkai, 30 km südöstlich von Vilnius kurz vor der weißrussischen Grenze, liegt die höchste Erhebung des Landes – der 294 m hohe *Juozapinės kalnas (Josephsberg)*, auf dem ein

Gedenkstein an König Mindaugas erinnert. In dieser schönen Wandergegend am einsamen Rand EU-Europas zeugen imposante Ruinen von der *Burg Medininkai,* einst eine der größten des Baltikums. Die Festung trotzte Kreuzrittern und Tartaren, dann kamen die Russen und legten sie 1655 in Schutt und Asche.

Mittelpunkt Europas (Europos centras) [115 E3]

Ein schlichter Findling und ein zum EU-Beitritt errichteter, von einem Sternenkranz gekrönter Obelisk auf dem alten Burghügel *Bernotai* bei *Purnuškės,* 25 km nördlich von Vilnius, markieren den Mittelpunkt Europas, wie ihn das Nationale Geografische Institut Frankreichs 1989 mit Computerhilfe neu vermessen und festgelegt hat: 25° 19' östlicher Länge und 54° 54' nördlicher Breite – Schnittpunkt der Achsen Nordkap–Kreta und Ural–Gibraltar. *Aus Vilnius nach Norden in Richtung Molėtai, bei Purnuškės links nach Bernotai (ausgeschildert)*

Trakai [115 E4]

★ Nationales Wahrzeichen. Die Inselburg Trakai im Galvė-See, 30 km westlich von Vilnius, ist die alte Hauptstadt Litauens. Von hier aus regierten die mächtigen Großfürsten Vytautas, Kestutis und Gediminas im 13. Jh. ihr Reich. Trakai hat jeder Litauen-Reiseanbieter auf dem Programm, darum gibt's hier oft Gedränge – doch diese einzige gotische Wasserburg Europas zu besichtigen, sollten Sie nicht versäumen. Besonders imposant sind der große Hof, der Wohnturm (Donjon) und der sterngewölbte Thronsaal in der fünfstöckigen Hauptburg (Palas). Ein *Geschichtsmuseum* nimmt die meisten Räume ein. *Di–So 10–18 Uhr*

In der Stadt Trakai (7000 Ew.), auf einer Landzunge zwischen Galvė-, Lukos- und Totoriškis-See gelegen, leben etwa 200 Karäer (Insider Tipp) (Karaim: »die Biblischen«). Es sind Nachfahren der strenggläubigen altjüdischen Sekte, die Großfürst Vytautas im 14. Jh. von der Krim als Palastwachen und Handwerker an seinen Hof holte. Die Karäer behielten bis heute ihre Bräuche und ihre alte, dem Türkischen verwandte Sprache bei. Ihre gelben Holzhäuser und die *Kenessa* (Tempel) stehen entlang der *Karaimų gatvė.* Wenn Sie mehr über die interessante Kultur dieser Volksgruppe wissen möchten, besuchen Sie das *Ethnografische Museum (Karaimų 22, Mi–So 10–18 Uhr).* Probieren sollten Sie das Nationalgericht *kibinai* (fleischgefüllte Pasteten) im Ethno-Restaurant *Kybynlar (tgl., Karaimų 29, Tel. 528/551 79, kybynlar@takas.lt, €€),* das auch 8 Gästezimmer anbietet.

Die malerische Wasserlandschaft um Trakai aus 32 miteinander verbundenen Seen steht seit 1991 als Historischer Nationalpark unter Schutz. Am schönsten erschließt sich diese Natur auf einem Segeltörn. Die Boote liegen an der Vorburg, Infos gibt es beim *Yachtclub, Tel. 528/528 24.* Hotels und andere Quartiere vermittelt die *Touristeninformation (Vytauto 69, Tel./Fax 38/519 34, www.trakai.lt).* Wer zeltet oder mit dem Wohnmobil unterwegs ist, der findet in Trakai den wohl besten Campingplatz Litauens: *Kempingas slėnyje, direkt am Galvė-See, Tel./Fax 38/513 87, www.camptrakai.lt.*

Pilzwälder und salzige Quellen

Hier leben noch alte Bräuche, und mitten im Wald liegt Druskininkai, Litauens schönster Kurort

Wie ehedem mit Pferd und Wagen

Fragen Sie einen Litauer nach der Dzūkija, wird er Ihnen von großen Wäldern erzählen und von Unmengen an Pilzen. Wald ist der große Reichtum dieser an Weißrussland grenzenden südlichsten litauischen Landschaft und fast ihr einziger. Der Boden ist karg, hier wachsen kaum mehr als Kiefern und Fichten, die Dzūkija war immer ein Land der armen Leute. Das harte Leben prägte ihren tiefen Gemeinschaftssinn: Nirgends sonst in Litauen finden Sie Dörfer, in denen so viele Traditionen und alte Bräuche überlebt haben. Die Dzūken sind ein besonderer Menschenschlag. Sie sprechen einen eigenen Dialekt, und sie singen gern: Hier sind die *dainos,* die alten Volkslieder zu Hause – Dainava, »Land der Lieder«, nennen die Litauer ihre Dzūkija auch.

Die zweite ethnografische Region im Süden ist die Suvalkija, auch Sūduva genannt, im Winkel zwischen Polen und dem alten Ostpreußen. Über ihre Bewohner sind sich alle Litauer einig: Die Suvalken sind fleißig und ziemlich geizig. Rings um ihr Zentrum Marijampole blüht die Landwirtschaft; Dörfer, Kornfelder und die Wolken prägen die offene, hügelige Landschaft.

Der Druskonis-See erstreckt sich bis nach Druskininkai hinein

DRUSKININKAI

[114 C6] ★ Wer nach Druskininkai kommt, will sich erholen. So war es schon 1794, als der polnische König den Ort wegen seines Wunder wirkenden Wassers per Dekret zur Heilstätte erhob, und so ist es geblieben: Die Kleinstadt (18 000 Ew.) am Nemunas im südlichen Zipfel Litauens gleicht einem einzigen Waldpark, einer Komposition aus Sanatorien, Villen, kleinen Seen und schier endlosen Spazierwegen mit einer Luft wie aus Samt und Seide. Das mildwürzige Klima und die legendäre Kraft des sehr salzigen Mineralwassers haben Druski-

Das Forstmuseum macht deutlich, dass man hier mit und vom Wald lebt

ninkai (*druska* = Salz) zum bedeutendsten Heilbad Litauens gemacht.

SEHENSWERTES

Hochzeitsvilla (Santuokų rūmai)
In dem neoklassizistischen Schlösschen am Druskonis-See, einst als Villa erbaut, geben sich nun junge Paare das Jawort. Erleben Sie eine prächtige litauische Hochzeit mit – am besten sonnabends. *Kudirkos/Čiurlionio*

Kurpark
Hier liegen die meisten der neun modernen Heilzentren wie das runde *Puselė-Sanatorium* und das *Physiotherapeutische Heilzentrum* mit seinem futuristischen Turm. Im Kurpark sprudeln mehrere Mineralquellen, an deren Brunnen – wie auch in einer Trinkhalle – Sie die Heilwirkung des berühmten Salzwassers testen können. Der Park reicht bis an das Nemunas-Ufer. Dort legen im Sommer (Mai–Oktober) Ausflugsschiffe ab.

MUSEEN

M.-K.-Čiurlionis-Museum
Litauens berühmtester Komponist und Maler Mikalojus Konstantinas Čiurlionis wuchs in Druskininkai auf, kehrte später oft zurück und schuf hier zwischen 1896 und 1910 mehrere seiner Werke. Das Gedenkmuseum war einmal sein Elternhaus, im Sommer gibt's im Garten oft Klassikkonzerte. *Čiurlionio 35, Tel./Fax 313/527 55, Di–So 12–18 Uhr*

Forstmuseum »Echo des Waldes« (Miško namai »Girios aidas«)
Von außen sieht es aus wie ein um einen Eichenstamm gebautes Hexenhaus, drinnen informiert das 1971 gegründete Museum auf drei

Etagen über die Tiere und Pflanzen der Dzūkija-Wälder. *Čiurlionio 102, Mi–So 10–18 Uhr*

Lipschitz-Haus (Muziejus Lipschizo)
Die Ausstellung zeigt einige Werke des in Druskininkai geborenen jüdischen Bildhauers Jakob Lipschitz (1891–1973). *Jokūbo 17, Di–Fr, So 10–16 Uhr*

ESSEN & TRINKEN

Alka
Das rustikale Restaurant liegt etwas abseits, aber bei einem Spaziergang auf dem Sonnenweg kommen Sie direkt dran vorbei. Litauische Gerichte. *Tgl., Veisejų 13, Tel. 313/528 49, €€*

Picerija Sicilija
Wenn Ihnen nach dem vielen Salzwasser der Sinn mal nach Pizza, Pasta und Grappa steht. *Tgl., Taikos 9, Tel. 313/518 65, €.*

Zur Pizzeria gehört ein weiteres Lokal, sinnigerweise *Sicilija II* genannt *(Čiurlionio 56, €)*. Hier wird auch Litauisches aufgetischt.

Regina
Das Hotelrestaurant hat internationale Küche zu bieten – und eine schöne Sommerterrasse im Innenhof. *Tgl., Kosciuskos 3, Tel. 313/590 60, www.regina.lt, €€€*

ÜBERNACHTEN

Druskininkai
Viersternekomfort in stilvollem Ambiente, elegantes Restaurant, eigenes Spa – und das alles in bester Lage im Zentrum, direkt an der Marienkirche. Das hauseigene Reisebüro *Druskininkų gelmė* organisiert Führungen und Ausflüge. *50 Zi., Kudirkos 43, Tel. 313/525 66, Fax 513 45, www.hotel-druskininkai.lt, €€€*

Galia
Eines der besten Hotels in Druskininkai, auch das Café stimmt. Zum Galia gehören drei weitere kleine Gästehäuser, darunter eine komfortable Villa. Moderne, aber sehr unterschiedliche Zimmer – vom einfachen Doppelzimmer bis zum Luxusapartment. *54 Zi., Maironio 3, Tel. 313/605 10, Fax 605 12, www.galia.lt, €€–€€€*

MARCO POLO Highlights »Dzūkija und Suvalkija«

★ **Druskininkai**
Mildes Waldklima, heilsames Salzwasser und ganz viel Ruhe (Seite 43)

★ **Grūtas-Park**
Ein Gespenst ging um in Europa: Lenin & Co. kommen nicht zur Ruhe (Seite 46)

★ **Dzūkija-Nationalpark**
Kiefern, Fichten, Seen und Dörfer wie aus längst vergangenen Zeiten (Seite 46)

★ **Birštonas**
Im Schleifenpark des Nemunas-Stroms haben manche kräftig zu rudern (Seite 48)

Lietuva
In dem ganzjährig geöffneten Sanatorium können Sie auch als Tourist wohnen und Heilschlammbäder, therapeutische Massagen und andere medizinische Behandlungen buchen. *220 Zi., Kudirkos 45, Tel. 313/524 14, Fax 554 90, www.sanatorijalietuva.lt, €€*

Insider Tipp

CAMPING

Druskininkų kempingas
Campingplatz in idyllischer Waldlage südlich des Zentrums mit 45 Stellplätzen für Caravans und Zelte. Dazu acht komfortable Familien-Campinghütten mit Dusche und Kochnische. Waschmaschinen, Internetzugang, Beachvolleyballfeld. *Gardino 3, Tel. 313/608 00, Fax 529 84, camping@druskininkai.lt, €*

FREIZEIT & SPORT

Viele Sanatorien und Hotels vermieten Fahrräder. Im Kurpark gibt es Tennisplätze und Schwimmbad, am Druskonis-See einen Bootsverleih.

Sonnenweg (Saulės takas)
Einer der schönsten Spazierwege führt, von hölzernen Märchenlauben und Rastplätzen gesäumt, fast 4 km am Flüsschen Ratnyčia entlang und lässt sich beliebig verlängern. Der Weg beginnt am Gesundheitspark. *K. Dineikos/Sausoji*

AUSKUNFT

Touristeninformationsbüro
Zimmervermittlung, Stadtführungen u. a. *Čiurlionio 65, Tel./Fax 313/517 77* oder *Gardino 3, Tel. 313/608 00, Fax 529 84, www.druskininkai.lt, www.druskonis.lt*

ZIELE IN DER UMGEBUNG

Čiurlionis-Straße (Čiurlionio kelias)
Auf der Fahrt in den 46 km nordöstlich liegenden Doppelort *Varėna* **[115 D5]** säumen beschnitzte Eichenstämme und Bildaltäre den Weg: die Čiurlionis-Straße (A 4). Die Stelen symbolisieren Figuren aus Mikalojus Konstantinas Čiurlionis' Werken. In *Senoij Varėna* kam der Begründer der modernen litauischen Nationalkultur zur Welt.

Dzūkija-Nationalpark **[114–115 C–D 5–6]**
★ Tiefe Kiefern- und Fichtenwälder prägen den 1991 gegründeten größten Nationalpark Litauens (560 km^2), eine stille Wildnis nahe der Grenze zu Weißrussland. Eingebettet in den Park liegen 46 Seen, etwa 30 Flüsse, denkmalgeschützte Gehöfte und Dörfer, in denen Pferdegespanne ebenso alltäglich sind wie die gemeinsam eingebrachte Ernte, Kräuterkunde und Imkerei. Alljährlich in der ersten Augustwoche kann man in *Zervynos, Puvočiai, Lynežeris* und anderen Ethnodörfern während der »Tage des Handwerks« Korbflechtern, Töpfern und Leinwebern zuschauen.

Insider Tipp

Zentrale Orte des Nationalparks sind *Marcinkonys (Sitz der Parkverwaltung und Info, Tel. 310/444 66, www.dzukijosparkas.lt)* und *Merkinė*, 28 km nordöstlich von Druskininkai, ebenfalls mit *Info- und Besucherzentrum (Vilniaus 3, Tel./Fax 310/572 45, tgl. 8–17 Uhr)*.

Grūtas-Park (Grūto parkas) **[114 C6]**
★ Goodbye, Genossen: Im Wald von Grūtas, 7 km östlich von Drus-

kininkai, haben die gestürzten Götzen aus Litauens Sowjetära Asyl gefunden. Der Reigen der steinernen und bronzenen Heroen in dem 20 ha großen Skulpturenpark reicht von Stalin bis Marx, dazwischen jede Menge Lenins, KGB-Gründer Dsershinksi und etliche litauische Kommunisten. Wie in Dantes »Hölle« sind die Skulpturen und Basreliefs nach »Heldentaten« allegorisch angeordnet – es gibt den totalitären, den sowjetischen, den Terrorkreis. Viehwaggons, Gulag-Wachtürme und Stacheldraht schaffen makabre Lageratmosphäre. Initiator dieser Mahnstätte für die 260 000 Opfer der Sowjetrepression ist Pilzzucht-Millionär Viliumas Malinauskas, dessen Vater sowie viele seiner Angehörigen in sibirischen Straflagern umkamen. Malinauskas erhielt für das Grūtas-Projekt 2001 den alternativen Nobelpreis. *Tgl. 9–19 Uhr, www.travel.lt/grutas*

Raigardas-Tal (Raigardo slenis) **[114 C6]**

Das aus einer alten Schleife des Nemunas entstandene Raigardas-Tal, 9 km südlich von Druskininkai, ist das wohl schönste aller Ausflugsziele in der näheren Umgebung und auf Radwanderwegen bequem zu erreichen. Um die romantische Wald- und Seenlandschaft ranken sich viele Legenden. So soll hier einst ein litauisches Sodom gestanden haben, dessen Bewohner ein so unzüchtiges Leben führten, dass der erzürnte Donnergott Perkūnas sie samt ihrer Stadt in der Erde versinken ließ. Den Ausgang in die Welt verschließt seither der »Teufelsstein« (Velnio akmuo) im Dorf *Švendubrė*. Insider Tipp

MARIJAMPOLE

[114 B4] Die siebtgrößte Stadt des Landes (48 000 Ew.) liegt nur 30 km von der polnischen Grenze entfernt direkt an der Via Baltica (A 5) und ist ein Zentrum der Agrarindustrie. Marijampole steht in Litauen für Obstkonserven, Milchpulver und Mischfutter. Und für Autohändler. Woche für Woche kommen Tausende hierher, um auf

So sah der »Sozialistische Realismus« den Menschen: Kunst im Grūtas-Park

dem größten Gebrauchtwagenmarkt des Baltikums Nachschub zu ordern. Die größte Stadt der Suvalkija gibt sich Mühe, mehr als nur Durchgangsstation für Fernreisende zu sein. Touristisch hat Marijampole, das zu Sowjetzeiten Kapsukas hieß, nicht sehr viel zu bieten, ist aber ein günstiger Ausgangsort für Trips in die malerische Umgebung.

SEHENSWERTES

Bahnhof (Stotis)
Mit dem Zug anzukommen ist in Marijampole eine Augenweide, seit der Jugendstilbahnhof (erbaut 1924) liebevoll restauriert worden ist. *Stoties 2*

St.-Michaels-Basilika (Mažoji basilika)
Die 1824 erbaute klassizistische Basilika mit ihrem prächtigen Doppelturm prägt die Altstadt und besitzt schöne Gemälde aus dem 18. und 19. Jh. *Bendoriaus 1*

MUSEEN

Kazys-Grinius-Museum (Kazio Griniaus muziejus)
Stolz ehrt Marijampole seinen berühmtesten Bürger, den Arzt Kazys Grinius (1866–1950), einen der ersten Präsidenten des unabhängigen Litauen (1926). Sein einstiges Wohnhaus ist heute Museum. *Bažnyčios 23, Mo–Fr 9–16 Uhr*

Landeskundliches Museum (Krašto muziejus)
Die ethnografische Ausstellung gegenüber der Vinzent-und-Paul-Kirche zeigt Volkskunst und Trachten der Suvalkija aus dem 19. Jh. *Vytauto 29, Di–So 9–17 Uhr*

ESSEN & TRINKEN

Keta
Rustikal, angenehme Atmosphäre, traditionelle Küche. *Tgl., Gedimino 14a, Tel. 343/522 64, €*

Panda
Populäres Café, in dem man gut und günstig essen kann. *Tgl., Gedimino 6, Tel 343/926 45, €€*

ÜBERNACHTEN

Arvi
Hinter einer schmucklosen Fassade erwartet Sie ein kleines, modernes Dreisternehotel mit komfortablen Zimmern, die beste Adresse der Stadt. Zum Hotel gehört das beliebte Restaurant *Pizza Jazz. 6 Zi, Kudirkos 24, Tel. 343/977 78, Fax 515 76, €€€*

Kazlos
Das Hotel stammt noch aus Sowjettagen, doch dafür liegt es günstig mitten in der Stadt. *44 Zi., Basanavičiaus 8, Tel. 343/539 70, Fax 526 16, €–€€*

AUSKUNFT

Turizmo informacijos centras
Kudirkos 41, Tel. 343/511 09, Fax 568 25, www.marijampole.lt

ZIELE IN DER UMGEBUNG

Birštonas [114 C4]
★ Schon die alten Heiden wussten um die heilsame Wirkung der Salzquellen von Birštonas. Heute ist das Städtchen (3800 Ew.) im Nemunas-Schleifen-Regionalpark 40 km östlich von Marijampole der nach Druskininkai beliebteste Waldkli-

makurort Litauens und balneologisches Therapiebad, in dessen Sanatorien Tulpė und Versmė sich im Jahr fast 20 000 Kurgäste erholen. Das *Versmė-Sanatorium* bietet auch Touristen renovierte Zimmer *(125 Zi., Scruogo 25, Tel. 319/656 62, www.versme.com, €€€)*.

Insider Tipp Das berühmte Mineralwasser können Sie im gelben *Brunnenhaus* am Vytautas-Denkmal kosten. Sehenswert ist das *Heimatgeschichtliche Museum (Vytauto 9, Mi–So 11–18 Uhr)*. Den schönsten Blick auf die Schleifen des Nemunas haben Sie vom *Vytautas-Hügel*, auf dem im 13. Jh. eine Burg stand. Birštonas ist Sitz des Olympischen Ruderzentrums (Ende April internationale Regatta) und bekannt für sein zweijährliches Jazzfestival. *Touristeninfo: Jaunimo 3, Tel. 319/ 657 40, www.birstonas.online.lt*

Paežeriai

Der deutsche Architekt Martin Knackfuß ließ sich 1795 3 km westlich der Bischofsstadt Vilkaviškis nahe der Straße nach Kybartai das klassizistische Schlösschen Paežeriai **[114 A4]** bauen, das heute die *Suvalkija-Gemäldegalerie (Di–So 10 bis 17 Uhr)* beherbergt. Im gleichnamigen Dorf Paežeriai **[114 B4]**, nordöstlich von Vilkaviskis und 16 km von Marijampole gelegen, wuchs Vincas Kudirka (1858–99) auf, Verfasser der litauischen Nationalhymne. Eine *Ausstellung* in der alten Vorratsscheune *(klėtis)* des elterlichen Hofs erinnert an den patriotischen Schriftsteller.

Vištytis **[114 A4–5]** Insider Tipp

Der glasklare Vištytis-See, 45 km südwestlich von Marijampole, zählt zu den schönsten, tiefsten (55 m) und fischreichsten Seen Litauens. Er ist ein echter Geheimtipp für Wanderungen und Radtouren in der stillen Sūduva-Landschaft, fürs Angeln und Naturcampen. Im *Regionalpark-Zentrum (Vytauto 8, Tel. 342/635 32, Fax 547 31)* können Sie Boote und Fahrräder ausleihen; einen schönen Campingplatz gibt es in *Zirgėniai* direkt am See *(Pušelė-Camping, Tel. 342/475 09)*.

Nationales Sammelfieber

Im Herbst, wenn die Steinpilze sprießen, schwärmt halb Litauen in die Dzūkija aus

Schon im Spätsommer, so richtig aber im Herbst wandelt sich die stille Dzūkija in ein Mekka der Pilzsucher. Das halbe Land scheint sich dann auf den Weg zu machen in die Wälder des Südens, und sogar Reisebüros bieten Pilz- und Beerentouren an, denn diese sammelleidenschaftlichen Waldspaziergänge mit gesenktem Kopf sind in Litauen ein Nationalsport. Scharenweise fallen die Städter an den Wochenenden in die Wälder um Varėna, Zervynos und Marcinkonys ein, wo die meisten und prächtigsten Steinpilze des Landes wachsen, aber auch andere Pilze sowie Moos-, Heidel- und Blaubeeren.

Viele Seen und ein Berg voller Kreuze

In der Aukštaitija und in der heimlichen Hauptstadt schlägt das nationale Herz des Landes

Die Aukštaitija ist das »Hochland«. Litauens größte ethnografische Region umfasst den gesamten Norden und Nordosten und birgt anmutige Landschaften, deren schönste zweifellos die eiszeitliche Seenkette im Nordosten ist, seit 1974 als Aukštaitija-Nationalpark geschützt und ein Garten Eden für Naturtouristen. In Hochlitauen liegen viele nationale Heiligtümer, am bekanntesten ist der »Berg der Kreuze«: Aus dem heidnischen Kultplatz bei Šiauliai wuchs in der Sowjetzeit eine Pilgerstätte nationalen Freiheitswillens, gegen den auch Moskaus Planierraupen nichts auszurichten vermochten.

AUKŠTAITIJA-NATIONALPARK

[112–113 C–D 4–5] Das Aukštaitija-Reservat *(Nacionalinis parkas Aukštaitija)* ist der größte (302 km^2) und älteste Nationalpark Litauens, gegründet 1974 im Kampf gegen die Gründung des Atomkraftwerks Ignalina. Das verzweigte Netz aus 126 eiszeitlichen Seen und 34 Flüssen zieht Wildnisfreaks, Camper und Kanuten magisch an. Drei Viertel des Schutzgebiets bestehen aus dichten Wäldern, in denen Wölfe, Luchse und Elche leben, Adler horsten und seltene Pflanzen wie die Zwergbirke wachsen. Touristisch sollten Sie weder perfekte Erschließung noch großen Komfort erwarten. Nah an der Natur, heißt die Devise.

Nationaler Wallfahrtsort: der »Berg der Kreuze« bei Šiauliai

Zwischen den Seen: Rapsfelder

SEHENSWERTES

Ažvinčiai-Reservat
4200 undurchdringliche Hektar Urwald aus alten Eichen, Kiefern und Hochmooren, Heimat für seltene Vogelarten wie den scheuen Habichtskauz. Das Herzstück des Nationalparks ist Totalreservat, hinein kommen Sie nur mit Führung.

Zwischendurch ein Sonnenbad: Schellente mit Küken im Nationalpark

Ginučiai
Malerisch schmiegt sich das Dorf zwischen die Seen Sravinaitis und Almajos. Ein Wanderweg führt 2 km südlich zum *Ladakalnis,* dem »Eisberg« (155 m). Oben belohnt Sie ein Rundblick auf gleich sechs tiefblau leuchtende Seen.

Palūšė
Nicht ein Nagel war nötig beim Bau von *St. Joseph* (1747–57), einer sehr schönen Holzkirche mit einem eigentümlichen achteckigen Glockenturm. Palūšė (»Beim Luchs«) ist das größte Dorf und Zentrum des Nationalparks (150 Ew.).

Vaišnoriškės
Mitten in dem Walddorf steht eine riesige Linde – Symbol für den Insider Tipp Lindenblütenhonig, der Vaišnoriškės' Imker (und Bienen) berühmt gemacht hat. Ein süßes Mitbringsel, das Sie noch lange an Ihre Litauenreise denken lassen wird.

MUSEUM

Imkereimuseum (Senovinis bitininkystės muziejus) Insider Tipp
Der Bienengott Babila behütet ein einzigartiges Museum in *Štripeikiai,* das in traditionellen Holzhäuschen die Geschichte der Imkerei zeigt. In der originellen »Honigbar« können Sie einen Imbiss einnehmen: Weißbrot, Aukštaitija-Bauernkäse, frisches Gemüse und natürlich diverse Honigprodukte, ein Glas Met inklusive. *Mai–Okt. tgl. 10–19 Uhr*

ESSEN & TRINKEN

Café Palūšė
Dörflich-herzhafte litauische Küche, wie Sie sie in keinem Restaurant mehr bekommen: frisch geräucherter Schinken und Speck, gefüllte Pfannkuchen, gebackener Fisch. Das Lokal, in einem urigen Holzhaus eingerichtet, ist Mitglied im Netzwerk der »litauischen Koch-

kunsterben«, die sich der Bewahrung althergebrachter Rezepte verschrieben haben. *Tgl. (im Sommer), Palūšė, Tel. 386/474 36, €*

ÜBERNACHTEN

Feriendorf Palūšė (Turizmo centras)
Kleine Holzhäuser, teilweise mit Gemeinschaftsküche und -bad, alles ist einfach, aber sauber und gut in Schuss. *250 Betten (24 Zi. sind moderner u. winterfest), Tel./Fax 386/528 91, turizmas.anp@is.lt, €–€€*

Wassermühle Ginučiai (Vandens malūnas)
In der restaurierten Mühle aus dem 19. Jh. soll mitunter der Teufel umgehen. Wen das nicht stört: romantische, einfache Herberge mitten im Nationalpark. *15 Betten, gemeinsame Küche, Tel./Fax 386/474 30, €*

AUSKUNFT

TIC und Nationalparkzentrum Palūšė **[113 D4]**
Ausführliche Infos zu Wanderrouten und Campingplätzen, Verleih von Fahrrädern, Zelten und Kanus. Exkursionen, Birdwatching, Organisation von Reit-, Angel- und Paddeltouren. Hier gibt es auch eine Karte des Parks. *Tel. 386/474 78, Fax 531 35, www.paluse.lt*

ZIELE IN DER UMGEBUNG

Anykščiai **[112 B4]**
»Litauens Weimar« wird der kleine Kurort (13 000 Ew.) 90 km westlich des Nationalparks genannt, weil viele Schriftsteller des 19. Jhs. hier lebten. Das *Literaturmuseum (Vienuolio 4, Mi–So 9–18 Uhr)* erzählt ausführlich davon. Nebenan steht (unter Glas!) eine Klete – das altlitauische Vorratshaus gehörte einst zum Elternhof des Dichters Antanas Baranauskas (1835–1902), der hier eins der berühmtesten litauischen Gedichte schrieb: »Der Hain von Anykščiai«, eine Hommage an Litauens heilige Natur. Der berühmte *Hain* liegt südlich der Stadt und lässt sich wunderbar erwandern. Lohnendes Ziel: *Puntukas*, zweitgrößter Findling des Landes, 6 m hoch und 265 t schwer. *www.antour.lt*

MARCO POLO Highlights »Aukštaitija«

★ **Berg der Kreuze**
Wallfahrtsort des Glaubens, des Leidens und des Freiheitswillens (Seite 61)

★ **Rumšiškės**
Litauen komprimiert: an einem Tag das gesamte Land durchwandern (Seite 59)

★ **Čiurlionis-Kunstmuseum**
Magie und Geheimnisse des berühmten litauischen Musikmalers (Seite 55)

★ **Altstadt**
Reizvoller Kontrast: moderne Geschäfte und mittelalterliche Baukunst (Seite 54)

Stelmužė **[113 D3]**
Fast 2000 Jahre alt soll sie sein, Litauens älteste Eiche – sie wird wie eine Heilige verehrt. Stammumfang: 11 m! 45 km nördlich des Nationalparks nahe der lettischen Grenze.

KAUNAS

Karte in der hinteren Umschlagklappe

[114 C3] Litauens zweitgrößte Stadt (420 000 Ew.) am Zusammenfluss von Nemunas und Neris, wichtiges Handels- und Wirtschaftszentrum, steht etwas im Schatten von Vilnius. Natürlich werden die selbstbewussten Kaunasser das nie zugeben. Doch da die ewige Rivalin nun mal die Metropole ist, fühlt man sich halt als »heimliche Hauptstadt« und hebt bei jeder Gelegenheit jene 19 Jahre zwischen den Weltkriegen hervor, als Vilnius polnisch war und die Regierung in Kaunas saß.

In Kaunas schlägt das nationale Herz. Hier ist alles etwas litauischer als im übrigen Land. Die Hauptstraße heißt Freiheitsallee und die Universität nach Großfürst Vytautas.

SEHENSWERTES

Altstadt (Senamiestis)
★ Fast 1 km lang bummelt sich die *Vilniaus gatvė* als Boulevard durch die Altstadt, die in Gassen und Winkeln viel mittelalterlichen Charme bewahrt hat – gesäumt von Baukunst aus vier Jahrhunderten, antiquierten Laternen und altmodischen Telefonzellen, Geschäften, Galerien, Cafés. Am *Rathausplatz* ragt die wuchtige *Kathedrale St. Peter und Paul* auf, Litauens größte gotische Kirche. In der *Vilniaus 33* residierte das Staatsoberhaupt, als Kaunas 1920–39 Hauptstadt war. Die Präsidentenstatuen im Vorgarten erinnern an diese Zeit.

Burg (Kauno pilis)
Kreuzritter, Krieg und Hochwasser, genutzt als Kaserne, Gefängnis, Waffenlager: Die Burgruine trägt die Narben bewegter Geschichte. Schön spazieren kann man von der Burg aus in den *Santakos-Park* am Zusammenfluss von Neris und Nemunas. *Papilio 1, www.kaunopilis.lt*

Freiheitsallee (Laisvės alėja)
Die Lebensader der Neustadt und Hauptgeschäftsstraße von Kaunas läuft als 1,7 km langer Boulevard schnurgerade auf die neobyzantinische *Erzengel-Michael-Kirche* mit ihren fünf Silberkuppeln *(soboras)* zu. Laden an Laden, kleine Restaurants und jede Menge Denkmäler litauischer Geschichte, gesäumt von Blumenrabatten und Linden. Die Freiheitsallee entstand 1982 als erste Fußgängerzone der Sowjetunion. Die Neustadt ließ schon der Zar bauen (1843). Weil Kaunas Festung war, durfte kein Haus höher als zwei Stockwerke sein.

Perkūnas-Haus (Perkūno namai)
Erker und Ziertürmchen des filigranen Ostgiebels wurden aus 16 Ziegelsteinarten komponiert. Ein Kleinod spätgotischer Baukunst. Im Namen des Hauses klingt der heidnische Donnergott an, weil hier der Legende nach einst sein Haupttempel stand. *Aleksoto 6*

Rathausplatz (Rotušės aikšte)
Geheiratet wird in Litauen traditionell freitags und sonnabends, und

Die Silberkuppeln der Erzengel-Michael-Kirche (St. Mykolas) im Abendlicht

Insider Tipp

dann können Sie am Rathausplatz ganzen Paraden prächtiger bis pompöser Hochzeiten zuschauen. Denn das alte *Rathaus* von Kaunas, das mit seinem 53 m hohen Turm aussieht wie eine Kirche und im Volksmund nur »Weißer Schwan« heißt, ist seit 1971 Standesamt. Gleich drei Baustile – Barock, Renaissance, Klassizismus – vereint die schöne Fassade. Das gotische Kellergewölbe beherbergt ein *Keramikmuseum (Di–So 12–18 Uhr)*. Der von drei Kirchen umstandene Rathausplatz war einst Markt und Herz der Altstadt, woran noch Kaufmannshäuser und die Händlergilde erinnern.

MUSEEN

Kaunas ist eine Stadt der Museen. 36 Ausstellungen widmen sich allem erdenklich Interessanten von Litauens Sportgeschichte bis zur Entwicklung der Luftfahrt. Eine vollständige Liste auch über Sonderschauen gibt's im *TIC* oder unter *www.muziejai.lt.*

9. Fort (IX. forto muziejus)

In der alten Grenzfestung (1883) am nördlichen Stadtrand pferchten die Nazis ab 1941 etwa 35 000 Juden des Ghettos Slobodka und später auch sowjetische Kriegsgefangene zusammen. Fast alle Häftlinge des KZs (»Fabrik Nr. 1005-B«) wurden umgebracht, ca. 80 000 Menschen. Nach dem Krieg übernahmen Stalins NKWD-Folterknechte den grauenvollen Ort als Gefängnis. Eine bedrückende Gedenkstätte. *Žemaičių 73, Mi–Mo 10–18 Uhr, Führungen auch auf Deutsch*

Čiurlionis-Kunstmuseum (Čiurlionio dailės muziejus)

★ Eins der größten Museen des Landes. Es zeigt 360 Gemälde und Zeichnungen des Nationalkünstlers Mikolajus Konstantinas Čiurlionis und lässt im Musiksaal eindrucks-

Velnių muziejus: In diesem Museum ist der Teufel los

voll nacherleben, wie das Universalgenie seine symbolistische Malerei in Klänge umsetzte. Sehenswert ist auch die Volkskunstausstellung mit uralten Schnitzereien. *Putvinskio 55, Di–So 12–18 Uhr*

Musikinstrumentenmuseum (Tautinės muzikos muziejus)
500 Instrumente aus den klingenden Tiefen der litauischen Volksmusiktradition und aus vielen anderen Ländern. Originell. *Zamenhofo 12, Mi–So 10–18 Uhr*

Teufelsmuseum (Velnių muziejus) Insider Tipp
Fast 3000 Gehörnte aus aller Welt. Auf die Idee, Teufel zu sammeln, kam 1906 der exzentrische Impressionist Antanas Žmuidzinavičius (1876–1966), dessen Bilder hier auch ausgestellt sind. In der heidnischen Folklore verkörpert der Teufel nämlich nicht das Böse, im Gegenteil: Er ist eher ein komischer Kauz, der gern Schabernack treibt. *Putvinskio 64, Di–So 11–17 Uhr*

Vytautas-Militärmuseum (Didžiojo karo muziejus)
Waffen aus der litauischen Geschichte – vom Jagdbogen bis zur Kanone. Interessant ist die Dokumentation über die beiden Atlantikflieger Steponas Darius und Stasys Girėnas, die am 15. Juli 1933 nach 6411 km kurz vor Erreichen des Kaunasser Flughafens abstürzten.

Der Glockenturm im Museumsgarten birgt ein *35-Glocken-Carillon,* einen chromatisch abgestimmten Glockensatz, der mittels Klaviatur gespielt wird (Konzerte Sa, So ab 16 Uhr). Insider Tipp *Donelaičio 64, Mi–So 10–17 Uhr*

Žilinskas-Gemäldegalerie (Žilinsko dailės galerija)
Eine der reichsten Sammlungen westeuropäischer Malerei im Baltikum: Paul Cézanne, Auguste Renoir, Max Liebermann, Franz Marc – über 1500 Werke. *Nepriklausomybės aikšte 12, Di–So 11–17 Uhr*

ESSEN & TRINKEN

55
Der Name dieses neuen Restaurants in der Fußgängerzone steht für die Prozente des selbst gebrann-

ten Wodkas, der auf litauisch »Samane« heißt und hier sogar ein eigenes kleines Museum hat. Essen lässt es sich im 55 auch sehr gut, und zwar traditionell litauisch. *Tgl., Laisvės 79, Tel. 37/75 08 70,* €€

Pompėja
Fisch und Wild, gegrillt auf Speckstein, in sehr romantischem Ambiente. *Tgl., Putvinskio 38, Tel. 37/42 20 55,* €€

Senieji Rusiai
In drei Kellersälen erwartet Sie viel mittelalterliches Flair, dekoriert mit historischen Waffen und Möbeln. Gekocht wird vorzüglich in den »Alten Kellern«, litauisch ebenso wie europäisch. *Tgl., Vilniaus 34, Tel. 37/20 28 06,* €€€

Tulpė
Das legendäre Künstlercafé der 1920er-Jahre gibt's immer noch, im Sommer sitzt man am schönsten auf der Terrasse im begrünten Innenhof. *Tgl., Laisvės 47, Tel. 37/22 17 36,* €

ÜBERNACHTEN

Kaunas
Helle, elegante Zimmer direkt an der Freiheitsallee, die oberen mit schönem Blick über ganz Kaunas. *57 Zi., Laisvės 79, Tel. 37/75 08 50, Fax 75 08 51, www.kaunashotel.lt,* €€–€€€

Minotel
Modernes Altstadthotel, Bilder litauischer Künstler schmücken die schlicht eingerichteten Zimmer. *23 Zi., Kuzmos 8, Tel. 37/20 37 59, Fax 22 03 55, www.minotel.lt,* €€

Santakos
Luxuriöser Viersternekomfort mit Swimmingpool und Sauna, einem Nachtclub und einem exzellenten Restaurant. *40 Zi., Gruodžio 21, Tel. 37/30 27 02, Fax 30 27 00, www.santaka.lt,* €€€

Gefährliches Erbe

Ignalina, Litauens einziges Atomkraftwerk, soll bis 2009 vom Netz

Das Kernkraftwerk Ignalina im Nordosten des Landes ist eine Erblast der Sowjetunion. Der fehlenden Schutzumhüllung wegen gelten die Reaktoren vom Typ Tschernobyl als so gefährlich, dass Brüssel ultimativ das Abschalten forderte: Ignalina oder EU-Beitritt. In Litauen löste das heftige Debatten aus. Das Kraftwerk deckt rund 73 Prozent des litauischen Strombedarfs (Litauen hat die zweithöchste Atomstromquote der Welt), und es exportiert Energie nach Lettland und Russland. Doch der Westen blieb hart. Nach viel Streit einigte man sich auf einen Stufenplan: Der erste Block ging 2005 vom Netz, der zweite folgt bis 2009. Die Kosten des Ausstiegs betragen 2,5 Mia. Euro. Fast 6000 Arbeiter in der Atomstadt Visaginas bangen nun um ihre Zukunft.

Žaliakalnis
Schön gelegen nahe der Seilbahn am Grünen Hügel, wunderbarer Blick auf die Stadt. *28 Zi., Savanorių 66, Tel. 37/32 14 12, Fax 73 37 69, www.greenhotel.lt,* €€

FREIZEIT & SPORT

Basketball
Kaunas ist Litauens Basketball-Hochburg, der Klub Žalgiris eine Legende. Die Heimspiele sind meist ausgebucht, rechtzeitig Karten ordern. *Sportkomplex Perkūno 5, Tel. 37/20 05 14, www.zalgiris.lt (Spielplan und alles über das Team)*

AM ABEND

Los Patrankos
Der größte Tanzpalast in Kaunas. Drei Etagen, mit Kasino, oft Livemusik und am Wochenende immer voll. *Tgl. 12–5 Uhr, Savanorių 124*

Philharmonie
Den aktuellen Konzertplan erfahren Sie im TIC. Konzertbeginn meist 18 Uhr. *Sapiegos 5, Tel. 37/20 04 78*

Senamiesčio Vyninė
Romantische Weinbar in der Altstadt. Tagsüber kann man hier auch gut essen. *Tgl., Daukšos 23, Tel. 37/22 76 56,* €–€€

Siena
Nachtclub im Keller des Restaurants *Miesto Sodas,* ganz neu und sehr trendy. *So–Do 20–2, Fr, Sa 21–4 Uhr, Laisvės 93*

Insider Tipp **Skliautas**
Verrauchter Treff der Künstlerszene. Jazzkonzerte. *Tgl., Rotušės 26a*

AUSKUNFT

TIC
Zimmervermittlung, Stadtführungen, Ticketservice. *Laisvės 36, Tel./Fax 37/32 34 36, www.visit.kaunas.lt*

ZIELE IN DER UMGEBUNG

Kaunasser Meer (Kauno jūros) **[111 F6]**
Das »Meer« ist ein Stausee, der größte Litauens, 93 km lang und ein Wassersportrevier par excellence. Es gibt mehrere Campingplätze, Bootsverleih und Ausflugsschifffahrt. Segeltörns und einfache Unterkunft im *Yachtklub Žalgiris (Kauno Žalgirio jachtklubas), 25 Zi., Gimutienės 35, Tel./Fax 37/76 93 60, www.jachtklubas.lt,* €

Kedainiai **[114 C2]**
In der beschaulichen Stadt (35 000 Ew.), 52 km nördlich von Kaunas, stehen zwei Synagogen, ein Minarett und sieben Kirchen, und eine ist etwas Besonderes: *St. Joseph,* eine barocke Stabkirche ganz aus Holz. Kedainiai ist Litauens Gurkenstadt. Das grüne Krummgemüse gibt's hier sogar als Gurkenschnaps Insider Tipp – zum Gurkenfest im Juli. *TIC: Didžioji 1, Tel. 347/603 63, www.kedainiai.info, Mo–Fr 8–17 Uhr*

Pažaislis-Kloster (Pažaislio vienuolynas) **[114 C3]**
Das Klosterensemble am Westufer des Kaunasser Meers ist ein Meisterwerk des Hochbarock. Im Zentrum steht die prunkvolle, sechseckige *Klosterkirche* mit ihrer 53 m hohen Kuppel. Zwei (von einst zehn) Eremitenhäuschen erinnern noch an die Kamaldulensermön-

Wandmalereien und Marmor: die zentrale Kuppel des Pažaislis-Klosters

che, die das Kloster 1664 gründeten. Dieser strengste katholische Orden besaß das Anwesen bis 1831, danach wurde es orthodox, war zwischenzeitlich Nervenklinik, und ist heute wieder Kirche. *Kauno jūros 31, Tel. 37/75 64 85 (Führungen), Di–So 11–17 Uhr*

Rumšiškės **[111 F6]**

Karte in der hinteren Umschlagklappe

★ Litauen im Kleinen. Im *Ethnografischen Freilichtmuseum (Liaudies buities muziejus),* 10 km südöstlich von Kaunas am Ufer des Stausees, sind alle Regionen mit ihren typischen Häusern vertreten. Keine Modelle, sondern aus dem ganzen Land zusammengetragen und originalgetreu wieder aufgebaut: Windmühlen, Dorfschulen, Bauernhöfe und Tagelöhnerkaten, Bienenstöcke, Backöfen. Jede Region hat ihr eigenes Dörfchen. Nehmen Sie sich für Rumšiškės einen Tag Zeit: Allein ein Rundweg durch das parkartige Gelände ist 7 km lang. Unterwegs findet sich – im Žemaitija-Dorf – ein Wirtshaus aus dem 19. Jh. mit niederlitauischer Küche. Am Wochenende oft folkloristische Feste oder Kunsthandwerksmärkte. *Ostern–Okt. Di–So 10–18 Uhr.* Im *TIC (Nėris 4–6, Tel./Fax 346/473 92, turinfo@takas.lt)* gibt's ein sehr gutes Faltblatt.

Šiauliai

[111 E2] Die viertgrößte Stadt Litauens (147 000 Ew.) am Rand des zemaitischen Hochlands hatte es in ihrer Geschichte nicht leicht. Die verhassten Ordensritter schlug man noch in die Flucht: In der Schlacht von Saulė besiegte ein litauisches Heer 1236 den Schwertbrüderorden. Später aber wurde Šiauliai unzählige Male angegriffen und geplündert, von Schweden, Russen,

Wahrzeichen, Sonnenuhrzeiger, Skulptur: Šiauliais Bogenschütze

Napoleon. Nach dem Zweiten Weltkrieg lag die Stadt in Trümmern. Das sieht man ihr an. Sowjetbauten bestimmen das Bild, eine Altstadt gibt es nicht mehr. Šiauliai, heute Industriezentrum und Verkehrsknotenpunkt, ist aber ein guter Ausgangsort für Ausflüge in den Norden des Landes.

SEHENSWERTES

Peter-und-Paul-Kirche (Šv. Petro ir Povilo bažnyčia)
Schon von weitem grüßt der 71 m hohe schneeweiße Turm der Renaissancekirche. Aus der Nähe ist zu sehen, dass man bei ihrem Bau (1595–1625) auch an die Verteidigung der Stadt dachte: Die Erker der Basilika tragen Schießscharten. *Aušros 3*

Sonnenuhr-Platz (Saulės laikrodžio aikšte)
Auf einer 21 m hohen Säule steht seit 1986 das Wahrzeichen der Stadt: ein goldener Bogenschütze. Er ist zugleich Zeiger der größten Sonnenuhr Litauens. Als Zifferblatt dient der gesamte Platz, in den Metallziffern eingelassen sind. Man vermutet, dass sich Šiauliai vom litauischen *šaulys* (Schütze) oder *saulė* (Sonne) ableitet.

Vilniaus gatvė
Die mit Springbrunnen und Blumenrabatten gestaltete Fußgängerzone ist die Flaniermeile der Stadt. Der *Centrinė-Platz* mit dem Uhrenturm wurde zum beliebten Treffpunkt junger Leute.

MUSEUM

Aušra-Museum (Aušros muziejus)
Bedeutendes ethnografisches Museum mit etwa 70 000 Exponaten. Zum Museum, das nach der ersten litauischen Zeitung (»Morgenröte«, 1883) benannt ist, gehört auch das *Ch.-Frenkel-Palais (Vytauto 89)* mit großer Gemäldesammlung. *Aušros 47, Di–Fr 11–19, Sa 11–16 Uhr*

ESSEN & TRINKEN

Grafaites svetaine Inside Tipp
Ein Restaurant, wie es die Litauer am liebsten mögen: rustikal und gemütlich. Das Menü kreiert der Chef der litauischen Köche-Assoziation persönlich. Man schmeckt's. *Tgl., Aušros 1, Tel. 41/58 91 20, €€*

Šaulininkis
Hier tischt man Spezialitäten aus halb Europa auf – von ungarischen Plinsen bis zur Roulade namens »Corrida de toros«. *Tgl., Lukauskio 5a, Tel. 41/43 65 55, €€€*

ÜBERNACHTEN

Šaulys
Völlig neu, mitten im Zentrum. Bestes Hotel der Stadt mit Viersternekomfort und freundlichem Service. *39 Zi., Vasario 16-osios 40, Tel./Fax 41/52 08 12, Fax 52 09 11, www.saulys.lt, €€€*

Turnė
Nicht sehr einladend wirkendes, aber freundlich-familiäres, sauberes Mittelklassehotel. Ruhige Lage nahe dem Vilniaus-Boulevard, nicht weit von Bahnhof und Busbahnhof. *23 Zi., Rūdes 9, Tel. 41/50 01 50, Fax 52 09 11, www.turne.lt, €€*

AUSKUNFT

TIC
Zimmervermittlung, auch von guten Insider Tipp Privatquartieren auf dem Land. *Vilniaus 213, Tel. 41/52 31 10, Fax 52 31 11, www.siauliai.lt*

ZIELE IN DER UMGEBUNG

Berg der Kreuze (Kryžių kalnas) **[111 E2]**
★ Der Berg der Kreuze, 15 km nördlich von Šiauliai, ist Litauens bekanntestes Nationalheiligtum: Ein Wald aus Tausenden von Kreuzen, großen und kleinen, aus allen nur erdenklichen Materialien. Wenn der Wind über den kleinen Hügel weht, klirrt, klackert, klingelt es leise, zehntausendfach. Ein Besuch beeindruckt tief. Wann die ersten Kreuze aufgestellt wurden, ist unklar. Wohl nach der blutigen Niederschlagung der Aufstände gegen den Zaren 1863. Unter den Sowjets schwoll ihre Zahl an, der Hügel wurde zum Symbol des Widerstands gegen das verhasste Regime. Moskau ließ über 5000 der Kreuze mit Bulldozern plattwalzen, doch umso mehr stellte man auf. Bis heute kommen täglich neue dazu. *www.lcn.lt*

Biržai **[112 A1]**
Sieben Brauereien und eine uralte Brautradition – so wird man Bierhauptstadt. Alljährlich im August steigt in Biržai (16 000 Ew.), 70 km nordöstlich von Šiauliai, das große Bierfestival. Einzigartig im Baltikum ist die umgebende höhlenreiche, als Regionalpark erschlossene Seenlandschaft. Stadt- und Brauereiführungen: *TIC, Vytauto 27, Tel./Fax 450/334 96, www.birzai.lt*

Tytuvėnai **[111 D3]**
Mitten in den Wäldern von Tytuvėnai, 50 km südlich von Šiauliai, steht ein altes *Bernhardinerkloster*, das als Ensemble aus Gotik, Renaissance, Rokoko und Barock zu den Perlen der Baukunst in Nordosteuropa zählt.

8 km südlich liegt das Dorf *Šiluva*, für Katholiken ein hochheiliger Ort. 1607 soll hier die Jungfrau Maria einem Hirtenjungen erschienen sein – es gibt weltweit nur fünf solcher vom Papst anerkannter Plätze. Seit über 300 Jahren steht an der Stelle eine Kapelle. Alljährlich Anfang Oktober, zur großen Ablassmesse, zieht Šiluva Tausende Wallfahrer an. *Regionalpark Tytuvėnai, Miskininkų 3, Tel. 97/566 51*

AENNCHEN VON THARAU
SIMON DACH
1605 - 1659

Memelland und Tor zur Ostsee

Niederlitauen: weiße Strände, das stille Nemunas-Delta und eine pulsierende Hafenstadt

Verschlossen seien sie und stur, sagen die Litauer über ihre Landsleute in der Žemaitija, der Region im Nordwesten des Landes längs der Ostseeküste, auch Niederlitauen genannt. Ob's stimmt? Wer weiß. Viele Menschen leben hier bis heute in tiefer religiöser Bindung, allerorten säumen Kreuze und Marienbildstöcke die Wege. In der Žemaitija kontrastieren die Bilder: Da ist die weltoffene Hafenstadt Klaipėda, das Strandbad Palanga, Litauens Mallorca, und im Süden das Delta des Nemunas – der Memel , eine melancholisch stille Moorwiesenlandschaft wie aus dem Ostpreußen-Bilderbuch.

KLAIPĖDA

Karte in der hinteren Umschlagklappe

[110 A3] »Tor zur Welt« nennen die Litauer ihre einzige Hafenstadt an der Mündung des Kurischen Haffs in die Ostsee. Der Hafen (20 Mio. t Jahresumschlag) ist Motor und Scharnier des wirtschaftlichen Aufschwungs, den die drittgrößte Stadt Litauens (194 000 Ew.) seit Jahren nimmt. In Klaipėda verschmelzen deutsche und litauische Geschichte. Fast sieben Jahrhunderte, von ihrer Gründung 1252 bis 1945, hieß die Stadt Memel und gehörte zu Ostpreußen. Nach dem Krieg wurde aus Memel Klaipėda. Moskau ließ den Hafen ausbauen, Rüstungsbetriebe ansiedeln und die Stadt abriegeln, erst 1987 durften die ersten Ausländer herein.

Simon-Dach-Brunnen: Denkmal für ein Liebeslied und seinen Schöpfer

SEHENSWERTES

Altstadt (Senamiestis)

★ Wie ein Gitternetz breitet sich die denkmalgeschützte Altstadt mit ihren Gassen, Fachwerkhäusern und Speichern am Südufer der Danė aus, geprägt von 700 Jahren deutscher Geschichte. Zwischen kleinen Geschäften und Galerien strömt das Leben beschaulich und angenehm dahin.

Die Altstadt entstand als Handwerkerviertel. Das bekunden noch immer die Straßennamen: Es gibt eine Bäcker- (Kepėjų), eine Schmiede- (Kalvių), eine Schlosser- (Šaltkalvių), eine Schuster- (Kurpių), eine Fischerstraße (Žvejų). In der *Kėpejų* steht ein interessantes Denkmal: Die *»Stadtansichten«*

Abendliche Ruhe in Klaipėdas Hafen, dem einzigen Litauens

symbolisieren in Form eines stilisierten Hauses gleichsam die Altstadt und die Nöte, Sorgen und Feuden ihrer Bewohner. In der *Tiltų 8* lohnt sich ein Besuch der 1677 gegründeten *Grünen Apotheke,* Klaipėdas ältestem Gebäude.

Lindenstraße (Liepų gatvė)

Die schönste Straße der Neustadt hat viel Vorkriegscharme bewahrt. Ihr Wahrzeichen ist das neogotische *Hauptpostamt* von 1893. Das Carillon im *Glockenturm* stimmt an Wochenenden kurz vor Mittag die Melodie »Ännchen von Tharau« an. Am besten zu hören ist das Spiel der 48 Glocken im Hof des Uhrenmuseums.

Insider Tipp

Mažvydas-Skulpturenpark

Am östlichen Ende der Lindenstraße erstreckt sich eine Grünanlage, in der moderne Skulpturen litauischer Bildhauer stehen. Der Park war einst der Memeler Stadtfriedhof. Der wurde Ende der 1970er-Jahre eingeebnet.

Memelburg (Pilies)

Nur Reste sind erhalten von der Keimzelle Klaipėdas an der Danė-Mündung, dem 1252 vom Livländischen Orden gegründeten »castrum memele«. Der Name beruhte auf einem Irrtum: Die Ritter nahmen an, der Fluss sei die Memel. *Burgmuseum, Pilies 4, Mi–So 10–18 Uhr*

Theaterplatz (Teatro aikšte)

Das Herz der Altstadt. Beim Anblick des kopfsteingepflasterten einstigen Marktplatzes werden alte Memelländer sentimental. Vor dem Theater steht der *Simon-Dach-Brunnen* mit Klaipėdas Symbolfigur *Tavaros Anika,* dem »Ännchen von Tharau«. Das Liebeslied aus der Feder des Königsberger Musikprofessors Simon Dach (1605–59) hat die ostpreußische Pfarrerstochter Anna Neander unsterblich gemacht.

MUSEEN

Museum der Geschichte Klein-Litauens (Mažosios Lietuvos istorijos muziejus)
Die Geschichte einer ostpreußisch-litauischen Kulturlandschaft in fast 60 000 archäologischen und ethnografischen Exponaten. *Didžioji vandens 6, Di–Sa 10–18 Uhr*

Uhrenmuseum (Laikrodžių muziejus)
Zeitmesser von der Sanduhr bis zum Atomchronometer in einem ehemaligen Bankhaus. Interessant ist die Äquatorsonnenuhr im Hof. *Liepų 12, Di–So 12–17 Uhr*

ESSEN & TRINKEN

Anikes Kuršiai
Beim »Kurischen Ännchen« wird litauisch gekocht. Schön sitzt man im Sommer draußen unter Schirmen. *Tgl., Sukilėlių 6, Tel. 46/31 44 71, www. anikecafe.lt, €€*

Bambola
Populäre Pizzeria, auch Außer-Haus-Service. *Tgl., H. Manto 1, Tel. 46/31 22 13, €*

Forto Dvaras
In dem rustikal eingerichteten und sehr beliebten Restaurant können Sie typische Gerichte aus allen historischen Regionen Litauens probieren. *Tgl., Naujojo sodo 1, Tel. 46/ 30 02 11, www.fortodvaras.lt, €€*

Insider Tipp

Hämmerli
Ein Kuriosum an der Ostsee: Bündner Gerstensuppe und andere Alpen-Spezialitäten in einem original Schweizer Restaurant. *Tgl., Didžijoji vandens 13, Tel. 46/31 12 09, www.haemmerli.meniu.lt, €€€*

EINKAUFEN

Haupteinkaufsstraßen sind die *H. Manto gatvė* und die *Tiltų gatvė*. Hier finden Sie interessante Läden wie die Passage *Klaipėdos Pasažas (Tiltų 26)*, in der junge litauische Mode angeboten wird. Bernstein, Handgewebtes und Kunsthand-

MARCO POLO Highlights »Žemaitija«

★ **Altstadt**
Fachwerk und enge Gassen erinnern an Klaipėdas deutsche Geschichte (Seite 63)

★ **Botanischer Park**
In Litauens schönstem Landschaftspark steht ein echtes Bernsteinschloss (Seite 67)

★ **Nemunas-Delta-Regionalpark**
Ostpreußische Melancholie im alten Memelland am Kurischen Haff (Seite 67)

★ **Orvydas' Garten**
Eine Steinmetzfamilie hat ihren Hof in ein »Museum der Absurditäten« verwandelt (Seite 71)

werk gibt es reichlich in der Altstadt. Das größte *Souvenirgeschäft* befindet sich in der *Sukilėlių 4.*

ÜBERNACHTEN

Astra
Das moderne Hotel liegt nahe der alten Burg am Haff und hat schöne große Zimmer, ist aber an der Straßenseite ziemlich laut. *14 Zi., Pilies 2, Tel 46/31 38 49, €€*

Europa Royale
Eines der besten Hotels Klaipėdas. Gediegener Viersternekomfort direkt am Theaterplatz. Top Service. *50 Zi., Žvejų 21/Teatro 1, Tel. 46/40 44 44, Fax 40 44 45, www.europaroyale.lt, €€€*

Klaipėda
Die Bettenburg stammt noch aus sowjetischer Zeit, bietet aber längst westlichen Standard und aus der zwölften Etage einen tollen Blick auf Altstadt, Meer und Nehrung. *219 Zi., Naujojo Sodo 1, Tel. 46/39 43 97, Fax 25 39 11, www.klaipedahotel.lt, €€*

AM ABEND

Kalifornia
Von den vielen Tanzläden in Klaipėdas Nachtleben ist dies der angesagteste. *Tgl. 20–6 Uhr, Laukininkų 17, Tel. 46/22 97 35*

Kurpiai
Tagsüber eine beliebte Altstadtkneipe, abends Livejazz vom Feinsten. *Tgl., Kurpių 1, Tel. 46/41 05 55*

Memelis
In dem zum Pub-Restaurant umgebauten Speicher direkt am Memelufer dreht sich abends alles um Bier. Oft rappelvoll. *Tgl., Žvejų 4, Tel. 46/40 30 40, www.memelis.lt, €*

AUSKUNFT

TIC
Zimmervermittlung, Ausflüge, Veranstaltungstipps und Ticketservice.

Im Restaurant Kurpiai gibt's beim Essen immer ein bisschen Theater

Hier gibt es auch den jährlich aktualisierten Stadtführer »Exploring Klaipeda« (englisch) mit vielen Infos auch zu Palanga und Neringa. *Turgaus 5, Tel. 46/41 21 86, Fax 41 21 85, www.klaipedainfo.lt*

ZIEL IN DER UMGEBUNG

Nemunas-Delta-Regionalpark **[110 A4]**

★ Memelland-Romantik pur. Üppige Niedermoorwiesen und Fischerdörfer prägen das weite Delta des Nemunas, des Memelstroms, der sich kurz vor Erreichen des Kurischen Haffs in sechs Nebenarme teilt. Sehenswert sind das Inselstädtchen *Rusnė (Ruß)* mit seiner Backsteinkirche und *Minija (Minge)* – auch litauisches Venedig genannt, weil die Dorfstraße hier der Fluss ist und die 150 Ew. ihre Häuser besser mit dem Kahn erreichen als mit dem Auto. Lohnend ist auch ein Abstecher nach *Ventė,* dem früheren Windenburg, mit seinem Leuchtturm von 1873. *Ventės Ragas* ist Sitz einer Vogelwarte, in der pro Jahr 50 000 Vögel beringt werden. Die Ornithologen zeigen ihre Arbeit gern, um Anmeldung wird aber gebeten *(Tel. 441/544 80).*

PALANGA

[110 A2] Die Rollen der litauischen Badeorte sind klar verteilt. Wer Ruhe sucht, fährt auf die Nehrung. In Litauens größtem Kur- und Badeort ist alles auf Unterhaltung ausgerichtet: 24 km Strand und eine Hauptstraße, an der sich ein Restaurant an das andere reiht und die sich abends in eine Partymeile verwandelt. Die Amüsiertradition in diesem renommiertesten Ostseebad des Baltikums (19 000 Ew.) reicht zurück bis in das Jahr 1824.

SEHENSWERTES

Botanischer Park

★ Litauens größter botanischer Garten, angelegt 1843, ist ein Werk des französischen Landschaftsarchitekten Edouard André. Mitten im Park steht das 1897–1902 im Stil der Neorenaissance erbaute Schloss der Grafen Tiškevičius. Es beherbergt heute das *Bernsteinmuseum.* Ebenfalls sehenswert: *Rosarium, Orangerie* und der 22 m hohe *Birutė-Hügel* mit einer kleinen, achteckigen Kapelle aus dem Jahr 1869. Nahe am Haupteingang des Parks steht eine Skulptur: »Eglė, die Natternkönigin«. Jeder Litauer kennt das Märchen von der tragischen Liebe zwischen Eglė und dem in eine Natter verwandelten Prinzen Žilvinas, die Plastik ist landesweit berühmt.

Landungsbrücke

In Palanga führen viele Wege zum Meer, der beliebteste durch die Bummelmeile Basanavičiaus auf die 470 m lange Landungsbrücke. An Sommerabenden avanciert Palangas Wahrzeichen zum Treff der Romantiker und Verliebten – der beste Platz, um den Sonnenuntergang zu genießen. Insider Tipp

MUSEUM

Bernsteinmuseum (Gintaro muziejus)

Europas größtes Bernsteinmuseum zeigt wunderschöne Exemplare des Osteegolds, wie den 3,5 kg schweren »Stein der Sonne«, den dritt-

Mitten im Botanischen Park liegt das Schloss von Palanga

größten je gefundenen Bernsteinbrocken. Dazu eine Kopie des berühmten steinzeitlichen Bernsteinschmucks von Juodkrante und Tausende Inklusen: Grüße aus Jurassic Park. Bernstein zum Sattsehen – etwa 26 000 Exponate. *Vytauto 17 (Schloss), Sept.–Mai Di–So 11–17, Juni–Aug Di–So 10–19 Uhr, www.pgm.lt*

Insider Tipp

Interessiert es Sie, wie Litauens Bernsteinjuweliere arbeiten? Dann besuchen Sie eine Werkstatt *(gintaro dirbtuvė)* der Palangaer Meistergilde nicht weit vom Schloss in der *Vytauto 21.* Der Gilde gehören derzeit 22 Bernsteinmeister an.

ESSEN & TRINKEN

1925

Deftige litauische Küche in rustikalem Landhausambiente, sehr beliebt, abends Livemusik. *Tgl. bis 2 Uhr, Basanavičiaus 4, Tel. 460/525 26,* €

Du Broliai

Zwei Brüder betreiben dieses noble Hotelrestaurant, das darum auch so heißt. Internationale Gerichte in großer Auswahl. *Tgl., Vytauto 160, Tel. 460/512 70,* €€€

Elnio Ragas

Wildgerichte, dazu gutes litauisches Bier. *Tgl., Basanavičiaus 25, Tel. 460/535 05,* €€

ÜBERNACHTEN

Alita

Das kleine Gästehaus liegt etwas abseits des Zentrums, doch es bietet vier moderne und für Palangaer Verhältnisse günstige Zimmer. *Kretingos 54, Tel. 460/400 11, Fax 400 12, www.feliksas.lt,* €

Mama Rosa

Gediegene Villa mit exklusiven Zimmern, Kamin, Terrasse, türkischer Sauna. *8 Zi., Jūrates 28a,*

Tel./Fax 460/485 81, www.mamarosa.lt, €€€

Palangos vetra
Das komfortable Dreisternehotel liegt zentral in einer ruhigen Nebenstraße zwischen Park und Bummelmeile. Sehr beliebt, auch wegen seiner Wochenend- und Familienangebote. *31 Zi., S. Daukanto 35, Tel 460/530 32, Fax 510 21, www.vetra.lt,* €€

Tauras
Helle, modern ausgestattete Zimmer mit Balkon, beliebt. Zum Haus gehört das Restaurant *Feliksas* mit herzhafter litauischer Küche. *20 Zi., Vytauto 116, Tel./Fax 460/491 11, www.feliksas.lt,* €€

FREIZEIT & SPORT

Fahrradverleih
Palanga und seine Umgebung bieten sich für Radwandertouren an. Verleihstationen gibt es in einigen großen Hotels und in der Stadt, z. B. in der *Vytauto 67, Dariaus ir Girėno 1, Daukanto 4, Smilčių 11.*

Wassersportgeräte-Verleih
Verleih von Tretbooten, Jetski und Surfboards am Strand in der Nähe der Pier. 6 km nördlich von Palanga gibt es am Strand eine gute *Windsurfstation (Tel. 285/118 95).*

STRAND

Der breite Sandstrand ist im Sommer rechts und links der Landungsbrücke oft überfüllt, doch finden Sie auf den 24 km zwischen *Nimerseta* und *Šventoji* auch ruhige Abschnitte. FKK-Fans: bitte auf die Schilder achten!

AM ABEND

Abends verwandelt sich die Basanavičiaus in eine Kette von Diskos, doch auch jenseits der Partymeile gibt's gute Dancespots, z. B. das *Bemas Pramogų Centras, Daukanto 8.*

Vandenis Music Club Insider Tipp
Der 2005 im Vandenis-Hotel am Botanischen Park eröffnete Club avancierte in kurzer Zeit zur angesagten Konzertadresse. Super Akustik, lockere Atmosphäre. *Mai–Okt. tgl., Birutes 47, www.vandenis.lt*

AUSKUNFT

TIC
Kretingos 1 (im Busbahnhof), Tel. 460/488 11, Fax 488 22, www.palangatic.lt

ZIELE IN DER UMGEBUNG

Kretinga **[110 A2]**
In der alten zemaitischen Burgstadt (20 000 Ew.), 11 km östlich von Palanga, steht ein Schloss, zu dem eine wundervolle Orangerie gehört. Insider Tipp Mehr als 150 tropische Pflanzenarten gedeihen in dem Gewächshaus. Der wohltätige Graf Tiškevičius ließ es 1874 bauen. Im Schloss gibt es das stilvolle Café *Pas grafą (»Zum Grafen«, Mo geschl.)* und ein *Heimatmuseum (Di–So 10–18 Uhr).*

Šventoji **[110 A2]**
Der Kurort (2000 Ew.) am gleichnamigen Flüsschen (*šventoji* = die Heilige) 12 km nördlich gehört seit 1963 zur Großgemeinde Palanga. In den Stranddünen nördlich von Šventoji stand bis zum 14. Jh. der Heidentempel »Alka« mit einem astronomischen *Observatorium (že-* Insider Tipp

maičių alkas), das von einem Kulturverein rekonstruiert worden ist: elf hölzerne, beschnitzte Stelen, die die baltischen Götter, Sonne und Mond symbolisieren. Hier werden heute oft heidnische Feste gefeiert.

TELŠIAI

[110 C2] Telšiai (35 000 Ew.), an den hügeligen Ufern des Flusses Durbinis und des Mastis-Sees gelegen, ist das Verwaltungszentrum der Žemaitija mit einer gut erhaltenen Altstadt, deren sternförmig auf den Marktplatz zulaufende Straßen von Backsteinhäusern geprägt werden. Zu den ältesten Denkmälern der Stadt zählen das einstige *Bernhardinerkloster*, die *alte Schule* und das *Rathaus* mit seinem eigenartigen Glockenturm.

SEHENSWERTES

Bischofsdom (Šv. Antano Paduviečio katedra)
Dem heiligen Antonius von Padua geweiht. Außen Barock, innen prächtig ausgeschmückt im Übergang vom Barock zum Klassizismus. Der Ende des 18. Jhs. erbaute Dom zeugt von der großen Bedeutung Telšiais als Bischofssitz.

MUSEEN

Heimatmuseum (Alka muziejus)
Die Geschichte von Telšiai und Zemaiten. Das Museum besitzt eine ansehnliche Gemäldesammlung, darunter ein Werk von Lucas Cranach d. Ä.: »Die Anbetung der Könige«. *Muziejaus 31, Mi–So 11–17 Uhr, www.zam.mch.mii.lt*

Žemaitisches Freilichtmuseum (Kraštotyros muziejus) Insider Tipp
Originalgetreu wieder aufgebaute historische Bauerngehöfte vermitteln ein Bild des Dorflebens vor 150 Jahren. *Parko 8a, Mi–So 10–18 Uhr*

ESSEN & TRINKEN

Gotika
Litauische und europäische Gerichte. *Tgl., Turgaus 19a, Tel. 444/ 516 65, €*

ÜBERNACHTEN

Telšiai
Schlichtes Stadthotel ohne Komfort, aber sauber und sehr preis-

Das Simon-Dach-Haus

Eine Begegnungsstätte der deutschen Minderheit

Fast 4000 *Vokietai*, deutschstämmige Litauer, leben heute noch in Klaipėda und im Memelland. Ihr Zentrum ist seit 1996 das Simon-Dach-Haus, die Begegnungsstätte des »Vereins der Deutschen in Klaipėda«. Jede Woche finden hier Vorträge, Kinoabende und Treffen statt. Der Verein feiert jedes Jahr im Juli die »Deutschen Kulturtage«. *Juros 7, Tel. 46/31 14 81, Fax 31 30 20, sdh@klaipeda.omnitel.lt*

Geplantes Durcheinander von Holz und Stein: Orvydas' mystischer Garten

günstig. *12 Zi., Kestučio 21, Tel. 444/532 92, €*

AUSKUNFT

TIC
Urlaub auf dem Land, Nationalpark-Ausflüge. *Žemaitės 14, Tel./Fax 444/522 29, www.telsiai.lt*

ZIELE IN DER UMGEBUNG

Orvydas' Garten (Orvydų sodyba) **[110 B2]**
★ Das »Absurditätenmuseum« der Steinmetzfamilie Orvydas entstand als Ort des Widerstands gegen die sowjetischen Besatzer: ein von winkligen Gassen und Wegen durchzogenes Labyrinth aus Grabsteinen, Findlingen, Marienbildern, Kruzifixen und behauenen Baumstämmen. Mehrfach versuchten Moskaus Statthalter, diese nationale Kultstätte räumen zu lassen. Erst nach einem Besuch Michail Gorbatschows 1980 auf dem Hof hörten die Repressalien auf. *Di–So 8–18 Uhr, Tel. 445/587 19 (hinter Salantai in Richtung Plungė abbiegen, bis Gargždelė fahren)*

Žemaitija-Nationalpark **[110 B2]**
Ein Mosaik aus weiten Wäldern und Hügelketten, 65 Flüssen und 27 kristallklaren Seen: Litauens jüngster Nationalpark, 30 km nordwestlich von Telšiai, ist ein Mekka für Naturfreunde, Radwanderer und Taucher. Im Park gibt es mehrere Ferienzentren mit guten Übernachtungsmöglichkeiten. Zentrum des Reservats ist das Dorf *Plateliai,* in dem Sie auch die *Touristeninformation* finden *(Didzioji 8, Tel. 448/492 31, Fax 493 37, Mo–Fr 9–16 Uhr).* Bei *Plokštinė* hat man einen Atomraketenbunker in ein *Museum* verwandelt. Bis 1987 steckten in den 27 m tiefen Schächten sowjetische Thermonuklearraketen *(Mai–Sept. Di–So 9–17 Uhr).* Insider Tipp

Wanderdünen und Räucherfisch

Die Kuršių Nerija zieht mit ihrer herben Magie seit Jahrhunderten Künstler und Reisende in ihren Bann

Fast 70 m hoch aufragende Wanderdünen, malerische Fischerdörfer, Kiefernwälder und ein schier endloser Sandstrand: Die Kurische Nehrung zählt zweifellos zu den eigenartigsten und schönsten Küstenlandschaften Europas. Das fand schon Wilhelm von Humboldt: Man müsse sie gesehen haben, solle einem nicht ein wunderbares Bild in der Seele fehlen, schrieb er 1809. Fast 100 km lang und an der schmalsten Stelle nur 400 m breit, trennt die säbelförmig geschwungene Sandnadel die Ostsee vom Kurischen Haff, einer Süßwasserlagune, dreimal größer als der Bodensee.

Die alte Heimat der kurischen Fischer ist heute geteiltes Land. Der Norden gehört zu Litauen, der Süden zur russischen Exklave Kaliningrad (Königsberg), die schwer bewachte Grenze verläuft buchstäblich im Sand – ein skurriler Stacheldrahtverhau quer über die höchste Wanderdüne. Immerhin haben beide Seiten die Nehrung zum Nationalpark erklärt, die Unesco nahm sie 2001 ins Welterbe auf. Beachten Sie bitte die strengen Schutzgebote, denn das ökologische Gleichgewicht der Halbinsel ist hochsensibel. Am Nationalparkeingang bei Alksnynė müssen Autofahrer eine Umweltgebühr (15 Lt.) entrichten.

Strand und Dünen unter weitem Himmel: die Kurische Nehrung

Man erreicht die Nehrung von Klaipėda aus, von dort setzen Fähren über. Das Übernachtungsangebot umfasst außer Hotels und Pensionen private Ferienwohnungen, Zimmer und B & B's. Eine Liste hat die Touristeninformation. Manche Hotels öffnen nur in der Hauptsaison und sind dann oft ausgebucht. Am besten also im Voraus buchen.

JUODKRANTĖ

[110 A4] Fast 4 km erstreckt sich der Luftkurort mit seinen bunten Fischerhäusern am Haff entlang. Um den ältesten Ort der Nehrung (bekannt seit 1429) schlug der Treibsand einen Bogen, die Menschen waren hier klug genug, den alten Nehrungswald nicht abzuholzen. Seine düsteren Kiefern vor dem bleichen Sandgebirge dienten den Fischern auf dem Haff als Landmarke und verhalfen dem Dorf wohl zu seinem ursprünglichen Namen: Schwarzort. In Juodkrantė (750 Ew.) ist alles etwas weniger touristisch als im Urlaubszentrum

Was mag die freundliche Dame mit der Axt vorhaben? – Hexenberg

Nida, dafür stiller, nordischer. Zum breiten Sandstrand an der Ostseeseite führen mehrere Wege durch den Kiefernwald.

SEHENSWERTES

Bernsteinbucht (Ginaro įlanka)
Hier wuchs im 19. Jh. das erste Zentrum der Bernsteinindustrie, als beim Ausbaggern der Fahrrinne im Haff große Vorkommen entdeckt wurden. In der künstlich angelegten Bucht fand man ebenfalls 434 steinzeitliche Bernsteinschmuckstücke, den berühmten »Schatz von Schwarzort«.

Haffpromenade (Krantinejė)
Entlang der 2,5 km langen Haffpromenade säumen moderne Plastiken den Weg. Die 31 Skulpturen litauischer, englischer und schwedischer Künstler entstanden 1997–99 als Ergebnis des Bildhauersymposiums »Erde und Wasser«. *Rėzos gatvė*

Hexenberg (Raganų kalnas)
Schon den alten Schwarzortern galt der Evaberg, eine dunkelwaldige Düne unweit der Kirche, als sagenumwobener Ort. Die Litauer nennen ihn Hexenberg. Holzbildhauer schufen hier Ende der 1970er-Jahre über 80 Figuren aus dem Schatz litauischer Märchen und Mythen. Die skurrilen Skulpturen säumen einen wundervollen Spazierweg durch Nehrungsurwald. *Rėzos 46, Wegweiser ist eine hölzerne Hexe*

Villenviertel
Sie hießen »Monbijou«, »Hubertus« und »Waldfrieden« und entstanden um 1880, als Schwarzort zum mondänen Ferienort reich gewordener Fabrikanten und Wohlstandsbürger aus Königsberg, Memel und Tilsit aufstieg. Einige Häuser sind in den letzten Jahren stilvoll renoviert worden. Eine Perle: die wiederaufgebaute *»Villa Flora«*. Ihr einstiges Wirtschaftsgebäude beherbergt nun eine beliebte Pension gleichen Namens *(17 Zi., Tel./Fax 469/530 24, vilaflora@takas.lt, €€). Kalno gatvė*

MUSEUM

Kunstmuseum (Dailės muziejus)
Die Ausstellungshalle des Litauischen Kunstmuseums zeigt vor allem zeitgenössische Malerei. *Rėzos 3, Mai–Sept. Di–So 10–18 Uhr, www.ldm.lt*

ESSEN & TRINKEN

Entlang der *Rėzos gatvė* finden Sie viele gemütliche Cafés und Lokale. Typisch für Juodkrantė ist Räucherfisch *(rūkyta žuvis)*.

Sorrentina
Traditionelle litauische Küche im blauen Holzhaus am Yachtclub; herrlicher Blick aufs Wasser. *Tgl., Rėzos 6a, Tel. 469/533 57,* €€

Žvejonė
Gartencafé mit blumenumrahmtem Haffblick. *Tgl., Rėzos 30,* €

ÜBERNACHTEN

Ažuolynas
Alles unter einem Dach: Boots- und Fahrradverleih, drei Bars, Disko, Pool und Freizeitangebote von Basketball bis Minigolf. Beliebter Hotelkomplex mit 75 modern ausgestatteten Zimmern. *Rėzos 54, Tel. 469/533 10, Fax 533 16, hotel azuolynas@takas.lt,* €€

Eglių Slėnis
Eins der besten Hotels in Juodkrantė, großzügige, moderne Zimmer mit Balkon und Ausblick. Zum Haus gehört ein feines Restaurant. *35 Zi., Levos kalno 28, Tel./Fax 469/533 64, www.egliuslenis.lt,* €€

Kurėnas
Pastellfarbige Holzgiebel, weinrote Balken – ein skandinavisch anmutender Kontrast zur alten Bäderarchitektur des Villenviertels, an dessen Rand das kleine Hotel steht. Am schönsten sind die Zimmer mit Balkon und Haffblick. *13 Zi., Rėzos 10, Tel./Fax 469/531 01, kurenas @gmail.com,* €€€

AUSKUNFT

Die Touristeninformation im Hotel Ažuolynas vermittelt auch Privatquartiere. *Tel/Fax 469/534 90*

ZIELE IN DER UMGEBUNG

Naglių-Reservat **[110 A4]**
★ Fast 10 km ziehen sich die »toten Dünen« *(kupsten)* südlich von Juodkrantė hin, doch nur ein Bohlenweg führt hinein: quer durch das streng geschützte Reservat auf den 53 m hohen *Naglių kopa,* den Neegelnschen Berg, unter dem das Dorf

MARCO POLO Highlights »Kurische Nehrung«

★ **Thomas-Mann-Haus**
Heute kultureller Treffpunkt: das einstige Sommerhaus der Familie Mann (Seite 78)

★ **Parniddener Düne**
Perfekte Ausblicke vom höchsten Treibsandmassiv der Nehrung (Seite 77)

★ **Naglių-Reservat**
Nur ein Weg führt ins Reich der toten Dünen (Seite 75)

★ **Smiltynė**
Der schönste Strand und ein altes Preußenfort (Seite 76)

Neegeln begraben liegt. Ein bizarres Stück Nehrung. *Rastplatz bei Kilometer 31, gut ausgeschildert*

Reiherberge (Garnių kalnai) **[110 A4]**
600 Graureiher- und 1500 Kormoranenpaare nisten gesellig in einer der größten derartigen Vogelkolonien Europas kurz hinter Juodkrantė in Richtung Nida. *Kurzer Aufstieg rechts der Straße zu einem Beobachtungspunkt*

Smiltynė **[110 A3]**
★ Der nördlichste Ort der Nehrung, das ehemalige Sandkrug 18 km von Juodkrantė, entstand aus einer *karčiama,* einer Kneipe – eben dem Sandkrug. Schon 1429 wird der erstmals erwähnt, denn oft mussten Reisende und Postreiter hier bei Sturm tagelang warten, ehe sie über das 500 m breite Memel-Tief übersetzen konnten. Ein nachgebautes Fischerdorf lässt heute noch gut das karge Nehrungsleben vor 150 Jahren nachempfinden.

Wenn Sie sich über die einzigartige Flora und Fauna der Nehrung informieren wollen, besuchen Sie das *Nationalpark-Museum (Kuršių nerijos gamtos muziejus ekspozicija), Smiltynė 11, Mai–Okt. Di–Do 11–18 Uhr).* Im *Infozentrum* nebenan *(Tel. 46/39 11 79, www.nerija.lt)* organisiert man auch Exkursionen und Führungen.

Ganz im Norden der Nehrung, die kurioserweise Süderspitze heißt, thront das alte *Preußenfort Kopgalis* von 1866, das heute ein in Litauen einzigartiges *Meeresmuseum (www.juru.muziejus.lt)* beherbergt. Smiltynė hat einen der schönsten Strände der Nehrung, schneeweiß und breit. Übernachten können Sie günstig und ruhig im Hotel *Palva* am Yachthafen *(24 Zi., Smiltynės 19, Tel. 46/39 11 55, www.palva.lt, €€).*

NIDA

[110 A4] In Nida (1600 Ew.) schlägt das Herz der Nehrung. Das Zentrum der seit 1961 zur »Stadt« *Neringa* fusionierten Nehrungsdörfer darf sich zu den touristischen Kronjuwelen Litauens zählen – ein herausgeputztes Urlaubsparadies mit Gartencafés, Bernsteinläden, Yachthafen und schmucken Nehrungshäuschen hinter Blumengärten. Dass viele dieser Häuser Neubauten sind, ist kaum zu merken, so stilsicher sind sie den alten Fischerkaten mit ihren blau-weißen Fensterläden und den gekreuzten Pferdeköpfen über den Giebeln nachempfunden.

Bei 80 000 Sommergästen ist es manchem in der Saison zu überlaufen. Wer die Stille mag, kommt im September, wenn milde Nehrungsmelancholie ihre Seidenfäden zwischen die alten Kiefern webt.

SEHENSWERTES

Evangelische Kirche
Der Altarraum leuchtet im Niddener Blau, den Bogen darüber ziert die alte Inschrift aus der Bergpredigt: »Selig sind, die reinen Herzens sind«. 1992 wurde die neogotische Fischerkirche von Litauern und Deutschen liebevoll restauriert und gehört seither wieder der evangelischen Gemeinde. *Pamario*

Kurenbretter (krikštai)
Etwas unheimlich wirken sie schon, die verwitterten Grabtafeln der alten Kuren auf dem Friedhof

Bereit für den nächsten Törn auf dem Haff: ein Kurenkahn und sein Kapitän

neben der Kirche, stumme Zeugen einer versunkenen, im Heidentum wurzelnden Kultur. Die Bretter aus Eiche, Linde und Birke, viele in Gestalt der als heilig verehrten Kröte, standen immer am Fußende der Gräber. *Pamario 43*

Kurenkähne (kurenai)

Vom Hafen aus starten im Sommer täglich Boote zu Haffrundfahrten und zu Törns hinüber in das Delta des Nemunas. Insider Tipp Heuern Sie auf einem Kurenkahn an! Die schweren Segler aus Eichenholz, an ihrer altertümlichen Takelung unschwer erkennbar, sind originalgetreue Kopien der alten Fischerboote, von denen es auf der Nehrung vor dem Krieg über hundert gab. 1988 baute der Schriftsteller Eduardas Jonušas nach alten Plänen einen Kurenkahn nach. Heute gibt es drei – die *kurenai* mit ihren rotbraunen Segeln, Seitenschwertern und den »Kurenwimpeln« am Masttopp zählen nun wieder zu den Wahrzeichen der Nehrung. *Anheuern u. a. unter Tel. 469/523 51, Fax 521 51*

Parniddener Düne (Parnidžio kopa)

★ Fast 200 steile Stufen sind es hinauf zur Parniddener Düne, doch den Aufstieg belohnt ein grandioses Panorama über die »litauische Sahara«. Weit fliegt der Blick nach Süden über das mächtigste Wanderdünenfeld Europas, die *Hohe Düne (Didžioji kopa)*. Haff, Ostsee, Küstenwald und meilenweit Sand, pastellfarben schattiert und vom Wind in immer neue bizarre Formen geschliffen – ein Bild elementarer Kraft. Man ahnt, wie unaufhaltsam diese bleichen Ungeheuer einst über die Dörfer herfielen und 14 von ihnen verschluckten. Auch Nida, vormals Nidden, 1385 erstmals als Noyden erwähnt und eine der ältesten Siedlungen der Nehrung, versandete drei Mal.

Nach dem Abstieg nehmen Sie am Ende der Treppe den Pfad nach

Hier arbeitete Thomas Mann am Roman »Joseph und seine Brüder«

rechts und wandern am Haffufer entlang zum steilen Sturzhang der Hohen Düne. Überwältigend! Beachten Sie aber die Verbotsschilder, die auf das *Grobštas-Naturreservat* hinweisen, doch vor allem die nahe russische Grenze meinen! Die Parniddener Düne erreichen Sie über den *Wanderweg in Verlängerung der Naglių oder mit dem Auto von der Taikos aus (ausgeschildert).*

Thomas-Mann-Haus (Tomo Mano namelis)

★ Zwar sind die Kiefern inzwischen in den »Italienblick« hineingewachsen, den Thomas Mann von seinem Arbeitszimmer aus auf Haff und Dünen genoss. Doch immer noch sind Sie dem Charme Nidas hier so nahe wie schon der Literaturnobelpreisträger, der nach einem eher zufälligen Nehrungsbesuch »von der unbeschreiblichen Eigenart und Schönheit dieser Natur so ergriffen« war, dass er 1929 in bester Niddener Lage ein Sommerhaus bauen ließ – auf dem sogenannten »Schwiegermutterberg«. Das reetgedeckte Holzhaus beherbergt seit 1995 eine kulturelle Forschungs- und Begegnungsstätte mit Museum. *Skruzdynės 17, Di–So 10–18 Uhr, www.mann.lt*

Urbo kalnas und Leuchtturm (Švyturys)

Vorbei die Zeiten, in denen der *Bärenberg (Urbo kalnas)* als Gipfel einer Wanderdüne drohend über Nidden hing. Heute genießen Sie nach dem Aufstieg auf den 51 m hohen Hügel einen phantastischen Blick, der sich noch steigern lässt, wenn der Leuchtturmwärter Sie auf seinen 29 m höher gelegenen Arbeitsplatz lässt, der hier seit 1874 steht. *Steintreppe von der Taikos, ausgeschildert*

MUSEEN

Bernsteinmuseum (Gintaro galerija-muziejus)

Niemand in Nida weiß mehr über Bernstein als Kaziemiras Mizgiris, in dessen Galeriemuseum das Gold der Ostsee in allen Facetten zu bewundern ist. Highlight: eine Kopie des steinzeitlichen Bernsteinschatzes von Juodkrantė. *Pamario 20, Mai–Okt. tgl. 9–21, Nov. tgl. 10–19 Uhr, www.ambergallery.lt*

Insider Tipp **Ethnografisches Museum (Žvejo etnografinė sodyba)**
Das historische Fischergehöft am Haff, leicht zu erkennen an den vier Kurenkähnen im Vorgarten, versetzt den Besucher zurück in jene Zeit, als das Leben auf der Nehrung karg und sandig war. *Naglių 4, Di–So 10–17 Uhr*

Historisches Museum (Neringos istorijos muziejus)
Warum die alten Niddener Fischer gern gebratene Nebelkrähen (»Nehrungstauben«) verspeisten: Hier erfahren Sie es. *Pamario 53, Di–Sa 10–17 Uhr*

ESSEN & TRINKEN

Ešerine
Der rustikale hölzerne Rundbau unterm Schilfdach am Promenadenende ist nicht zu übersehen. Hier gibt es leckeren Fisch und landestypische Spezialitäten wie *rųkytos ausis*, Insider Tipp geräucherte Schweineohren – beliebt zum Bier. Terrasse mit herrlichem Haffblick. *Tgl., Naglių 2, Tel. 469/527 57, €€€*

Po Vyšniom
Das Lokal ist besonders bei jungen Leuten beliebt, am schönsten sitzt es sich im Gartencafé. *Tgl., Naglių 10, Tel. 469/529 06, €€*

Seklyčia
Litauisch essen im kleinen, gemütlichen Holzhaus mit Blick auf die Hohe Düne. Große Auswahl landestypischer Gerichte. *Tgl., Lotmiskio 1, Tel. 469/ 529 45, €€€*

EINKAUFEN

Originelle Souvenirs finden Sie in den Straßen *Taikos* und *Naglių*. Die *Bernsteingalerie* von Kazimieras Mizgiris hat Filialen in der *Skruzdynės 17a* und der *Naglių 14a*. Mizgiris, von Beruf eigentlich Fotograf, hat auch wundervolle Nehrungsbildbände herausgegeben.

ÜBERNACHTEN

Jūratė
Nidas größter Ferienkomplex liegt zentral am Hafen und verteilt seine Gäste auf zehn Häuser sehr unterschiedlichen Standards. Hier steigen die meisten deutschen Reisegruppen ab. Im denkmalgeschützten Haupthaus übernachtete schon Preußenkönigin Luise. *220 Zi., Pamario 3, Tel. 469/523 00, Fax 511 18, jurate-nida@takas.lt, €– €€*

Nidos Pušynas
Große, schöne, modern eingerichtete Zimmer in einem Ensemble traditioneller Fischerhäuser mit Haffblick. Zum Angebot im »Niddener Kiefernwald« gehören aber auch ganz einfache, billige Schlafkojen. *21 Zi., Purvynės 3, Tel. 469/522 21, Fax 527 62, www.smilte.lt, €– €€€*

Nidos Smilte
Hier wohnten Max Pechstein, Lovis Corinth und viele andere Maler der Niddener Künstlerkolonie. Gastwirt Hermann Blode hielt sie frei, nahm dafür ab und zu ein Bild in Zahlung. Die Gemäldesammlung verhalf dem Künstlergasthof zu Kultstatus. An die berühmte Vorkriegsgeschichte erinnert eine Ausstellung in dem nach wie vor beliebten Hotel direkt am Haff mit seinen 90

schlichten, etwas kleinen Zimmern. *Skruzdynės 2, Tel. 469/522 21, Fax 527 62, www.smilte.lt, €– €€*

Rasytė
Romantisches hölzernes Gästehaus, oft ausgebucht. Mit Gartenlokal und einem der besten Restaurants der Nehrung. *16 Zi., Lomiškio 11, Tel. 469/522 80, Fax 525 92, €€*

Insider Tipp **Villa Banga**
Von außen ein Niddener Fischerhaus wie aus dem Bilderbuch, innen eine gemütliche Pension mit sehr schönen Zimmern. Das kürzlich neu erbaute Haus liegt mitten im Ort, nah am Haff. Früh buchen! *8 Zi., Pamario 2, Tel. 469/511 39, Fax 527 62, www.nidosbanga.lt, €€*

CAMPING

Kempingas Nidoje
Nidas Campingplatz liegt etwas versteckt an der Zufahrt zur Aussichtsplattform der Parniddener Düne. Zelte, Schlafsäcke etc. können Sie ausleihen. Gutes Freizeitangebot. *Taikos 45a, www.kempingas.lt*

FREIZEIT & SPORT

Am Hafen kann man Fahrräder ausleihen und zu einer Kutschfahrt starten. Radtour-Tipp: Von Nida nach Juodkrantė führt ein schöner, gut ausgeschilderter Radweg durch den Nehrungswald. Reitmöglichkeiten vermittelt das *Forstamt (Purvynes 27, Tel. 469/523 02)*. Viel Freizeitsport bietet die *Neringa-Sportschule (Lotmiškio 2, Tel. 469/528 28)*, dort sitzt auch der Yachtclub (Segeln, Bootsausflüge). Insider Tipp

STRAND

Alle drei Hauptstraßen in westliche Richtung führen zum Strand, der – wie auf der gesamten Nehrung – traumhaft ist: breit, weiß, feinsan-

Hungrige Riesen

Einst fraßen die Wanderdünen ganze Dörfer – jetzt geht ihnen der Treibsand aus

Die Wanderdünen sind eigentlich ein Werk ökologischen Raubbaus. Der Treibsand setzte sich erst in Bewegung, als Siedler und Kriegsleute im Mittelalter den Nehrungswald abholzten – bald türmte der Wind riesige Dünenketten auf, die Wald, Felder und 14 Dörfer unter sich begruben. Erst im 19. Jh. gelang es ostpreußischen Förstern, dem Flugsand durch Bepflanzung mit Bergkiefern seinen Schrecken zu nehmen. Seither hat man die Nehrung so stark aufgeforstet, dass die berühmten Dünen nun ihrerseits bedroht sind – die Riesen verhungern! Die *Hohe Düne* hat in den letzten 25 Jahren fast 10 m an Höhe verloren. Man diskutiert daher jetzt darüber, an einigen Stellen kontrolliert Küstenwald abzuholzen, um wenigstens einen Teil der Dünenfelder wieder mit Sandnachschub zu versorgen. *www.nerija.lt*

Hinter dem Dünenkamm beginnt der breite, feinsandige Nehrungsstrand

dig. Die Ostsee erwärmt sich zwar selbst im August selten über 23 Grad, dafür ist das Wasser sauber: In Nida weht die Blaue Flagge. Im Sommer fährt vom Zentrum auch ein Shuttlebus zum Strand.

AUSKUNFT

Agila Kulturzentrum und Touristenservice
Zimmervermittlung, Exkursionen, Veranstaltungstipps, Ausstellungen, Café. *Taikos 4, Tel. 469/523 45, Fax 520 15, www.visitneringa.com*

ZIELE IN DER UMGEBUNG

Preila **[110 A4]**
In dem verträumten Haffdorf, 16 km nördlich, hat man das Gefühl, einer verlorenen Zeit auf der Spur zu sein. Preila entstand erst 1843, gegründet von Fischern, deren Dorf Karwaiten im Flugsand versunken war. Einige der 19 denkmalgeschützten Holzhäuser in Preila kann man mieten *(Tel. 469/523 28)*. Radwanderwege führen nach Pervalka und Nida. Im *Nehrungswald* zwischen Preila und Nida ist die Chance am größten, einen der auf der Nehrung lebenden Elche zu beobachten. Insider Tipp Dort ragt auch der *Wetzekrugsberg (Vecekrugo kalnas)* auf, mit 67 m die höchste Düne der Nehrung.

Südliche Nehrung **[O]**
Die südliche Hälfte der Nehrung (46 km lang) ist nur mit einem russischen Visum zu erreichen, das Sie sich vor Reiseantritt beschaffen müssen. »Drüben« entwickelt sich die touristische Infrastruktur ungleich langsamer, doch darin liegt auch ein Reiz: Die Natur ist ursprünglicher, alles wirkt wilder, ungezähmter. Sehenswert ist die riesige, immer noch aktive *Epha-Düne* südlich von Morskoje (Pillkoppen). In *Rybatschij,* einst Rossitten, beringen russische Ornithologen in der ältesten Vogelwarte der Welt jährlich bis zu 80 000 Vögel.

Burgenstraße und Seenrundfahrt

Die Touren sind in der Karte auf dem hinteren Umschlag und im Reiseatlas ab Seite 110 grün markiert

1 VON KAUNAS DURCH DAS NEMUNAS-TAL INS ALTE MEMELLAND

Die Tour führt von Kaunas am nördlichen Ufer des Nemunas entlang. Der letzte Abschnitt der Reise gehört dem Memelland, das viele Hundert Jahre zu Ostpreußen gehörte. Sie sollten für diese etwa 180 km lange Tour zwei Tage einplanen, etwas verkürzt (etwa bis Jurbakas) schafft man sie aber auch bequem als Tagesausflug.

Haben Sie Kaunas in westlicher Richtung auf der heutigen A 141 verlassen, erreichen Sie nach 7 km *Raudondvaris,* bekannt durch das »Rote Schloss«, das seit 1615 auf einem früheren Burghügel über dem Ort thront und mit seinem runden Turm und den Schießscharten Wehrhaftigkeit vorgibt – alles nur Fassade! Raudondvaris wurde als Renaissance-Lustschlösschen gegründet. Während des Ersten Weltkriegs war Arnold Zweig auf Schloss Raudondvaris als Heeresschreiber stationiert, im Roman »Einsetzung eines Königs« beschreibt er diese Zeit.

Die nächste Station auf der Burgenstraße ist die sagenumwobene Kleinstadt *Seredžius* an der Mündung des Flüsschens Dubysa in den Nemunas. Eine Legende besagt, dass die Litauer aus dem römischen Adelsgeschlecht Palemon stammen und auf der Flucht vor Nero über die Ostsee am Nemunas gelandet seien: daher der Name *Palemonas* für den mächtigen Schüttberg, auf dem einst die hölzerne Wehrburg Piesve stand.

Gleich drei Burghügel prägen *Veliuona,* wo sich Litauer und Kreuzritter im 13. Jh. heftig bekriegten. Weil der Orden die mächtige Heidenburg Junigeda partout nicht einnehmen konnte, baute er nebenan 1337 kurzerhand eine eigene – die Bayerburg. Nun drehten die Litauer den Spieß um und griffen die Ritter an; in einem dieser Kämpfe soll Großfürst Gediminas gefallen sein. Seriöse Historiker bezweifeln das, aber egal: Ein Burghügel ist heute landesweit als Grab des Gediminas berühmt, es steht auch ein Denkmal des Nationalhelden dort. Das klassizistische Gutshaus birgt ein Heimatmuseum.

Süßes gibt's im Bienenmuseum des Aukštaitija-Nationalparks

Typische Neogotik: die Zinnen, Türmchen und Erker von Schloss Raudonė

10 km weiter überragt wieder eine rote Burg mit Rundturm und Zinnen die Landschaft: *Schloss Raudonė.* Wie Raudondvaris diente auch dieses Renaissanceschlösschen dem reinen Vergnügen. Ein Ostpreuße namens Krispin Kirschenstein, im Holzhandel reich geworden, ließ es Ende des 16. Jhs. auf die Reste einer alten Litauerburg bauen. Im 19. Jh. wurde es im neogotischen Stil renoviert. Raudonė liegt mitten im *Panemuniai-Regionalpark,* der 1992 zum Schutz des Nemunas-Tals und seiner historischen Kulturlandschaften angelegt wurde. Infos über das 110 km² große Areal, Karten und Tipps zu Wanderrouten bekommen Sie im *Regionalpark-Zentrum* in *Šilinės* an der Straße nach Jurbarkas *(Tel. 447/417 23, gut ausgeschildert).*

In *Jurbarkas,* 85 km nach dem Start in Kaunas, münden die Flüsse Imsrė und Mituva in den Nemunas. Der 15 000-Ew.-Ort hatte schon 1611 Stadtrecht und war ein bedeutender Handelsplatz, der mächtige Schüttberg *Bispilis* erinnert an die Burg zu seinem Schutz. Hier können Sie übernachten, zum Beispiel im *Hotel Jurbarkas* am Nemunas *(20 Zi., Dariaus ir Girėno 98, Tel. 447/513 45, Fax 547 79).*

Kurz hinter Jubarkas passieren Sie nahe dem Dorf *Šmalininkai (Schmalleninken)* die historische Grenze von Litauen und Deutschland, die fast 500 Jahre lang (von 1422 bis 1919) eine der stabilsten Europas war. Nach 1919 begann hier das sogenannte Memelland. Nehmen Sie kurz vor Šmalininkai die alte Straße durch das Dorf. Vom Deich am alten Zollanleger hat man einen schönen Blick über den Nemunas. Weiter in Richtung Westen führt die Straße nun als Allee aus Linden, Eichen und Eschen durch eine melancholische Wiesenlandschaft, in der ziegelgedeckte Backsteinhäuser Erinnerungen wecken an das alte Ostpreußen. Preußisch-Litauen hieß diese Landschaft einst auch, Ausdruck einer engen kulturellen Symbiose aus litauischen und deutschen Elementen. Von Lumpėnai aus lohnt sich ein Abstecher in Richtung Nemunas zum berühmten *Rambynas:* Der heidnische Kultberg ist einer der beliebtesten Plätze Litauens für das Johannisfest zur Sonnenwende.

Insider Tipp

Zurück auf der A 141 erreichen Sie nach wenigen Kilometern eine große Kreuzung. Nach links führt die Straße in das alte *Tilsit,* das heute *Sowjetsk* heißt und im Kaliningrader Gebiet liegt. Geradeaus sind es nun nur noch etwa 20 km bis *Šilute,* der »Hauptstadt« des Memeldeltas. Schon 1511 wuchs hier eine Siedlung, hervorgegangen aus einer Kneipe, dem »Heidekrug« (*šilas* = Heide). Später wurde daraus ein munterer Marktflecken für die Bauern dieser malerischen Moor- und Heidelandschaft, die Kirche entstand aber erst 1926. Von Šilute können Sie einen Ausflug in den *Nemunas-Delta-Regionalpark* *(S. 67)* anschließen oder auf der A 141 weiterfahren nach *Klaipėda* *(S. 63)*.

2 IM AUKŠTAITIJA-NATIONALPARK

Die Rundfahrt führt durch die schönsten Dörfer des Aukštaitija-Nationalparks und lässt sich mit kurzen oder längeren Wanderungen kombinieren, denn erst zu Fuß wird sich Ihnen die weite Wald- und Seenlandschaft wirklich erschließen. Die Tour ist etwa 70 km lang, planen Sie zwei Tage ein. Übernachtungsmöglichkeiten im ältesten Nationalpark Litauens siehe Seite 53.

Die Aukštaitija-Rundfahrt beginnen Sie am besten in *Palūšė* *(S. 52)*, dem größten Dorf des Nationalparks, in dessen Infozentrum Sie auch eine detaillierte Karte bekommen. Der erste Ort auf der Tour ist *Šakarva,* etwa 5 km südlich von Palūšė, denkmalgeschützt und archäologisch bedeutsam durch ein heidnisches Gräberfeld – die ältesten Gräber stammen aus dem 8. Jh. Von hier aus führt ein schöner Wanderweg um den 12 km langen *Šakarva-See,* der mit seinen 20 Inseln bis Kaltanėnai reicht, dem nächsten Dorf der Rundfahrt. In *Kaltanėnai* lohnt sich eine Rast, denn der idyllische Ort hat neben seiner Kirche und dem Kloster aus dem 17. Jh. auch einen schönen Marktplatz.

Von Kaltanėnai aus führt die Straße durch tiefe Kiefernwälder nach Norden zwischen den Seen Baltys, Prūdas und Ūsiai hindurch nach *Antalksnė.* Nun sind es nur noch etwa 8 km bis nach *Štripeikiai* *(S. 52)* mit seinem Bienenmuseum. Sie können vom Dorf in südliche Richtung zum *Šiliniškiai* wandern, dem mit 195 m höchsten Berg des Nationalparks. Unterwegs finden Camper sowohl am Pakasasals auch am Almajos-See malerisch gelegene Zeltplätze.

Von Štripeikiai bieten sich mehrere alternative Routen auf schmalen Straßen und Wegen an – die große Rundtour führt nach *Tauragnai* mit dem gleichnamigen See, fast 10 km lang, von steilen Ufern gesäumt und selbst im Hochsommer eiskalt: Der tiefste See Litauens (60,5 m) wird an seinem Grund von unterirdischen Quellen gespeist. In Tauragnai ist die Nordwestecke des Nationalparks erreicht, weiter geht es nun in östlicher Richtung zunächst in das Dorf *Šeimatis.* Kurz vor dem Ort liegt »Mokas«, ein 3 m hoher Findling, am Weg. Der Legende nach war dies einst ein weiser Mann, den die Leute ständig um Rat fragten und sich deshalb das Denken abgewöhnten. Darüber traurig geworden, verwandelte er sich in einen Stein …

Der Rundweg führt nun am *Ažvinčiai-Totalreservat* entlang in ein weiteres »Museumsdorf« – das für seinen Lindenblütenhonig berühmte *Vaišnoriškės (S. 52)*. Unbedingt sollten Sie einen Abstecher nach Insider Tipp *Šuminai* einplanen: Die kleine Siedlung sieht aus, als sei die Zeit vor hundert Jahren stehen geblieben: Uralte Kornspeicher, Scheunen und ein Badehaus aus Fichtenstämmen stehen hier um eine riesige, über 300 Jahre alte Kiefer herum. Šuminai liegt am Baluosas-See, der mit seinen sieben Inseln für viele der schönste des Nationalparks ist.

Wenige Kilometer bevor der Rundweg wieder an seinem Ausgangsort Palūšė ankommt, lohnt in *Trainiškis* ein Spaziergang zur 1000-jährigen Eiche am Südufer des Baluosas-Sees. Der Stammumfang des Methusalems beträgt 6 m. Hinter Trainiškis führt der Weg um den größten See des Parks herum, den Dringis-See mit 7,24 km² Fläche und fünf Inseln. Wer länger bleiben will: Es gibt auch hier zwei schön gelegene Campingplätze.

3 VON VILNIUS AUS DURCH HOCHLITAUEN

Diese Tagestour mit einer Gesamtlänge von etwa 120 km führt von der Hauptstadt aus mitten durch die Mitte Europas, dann über Molėtai und Anykščiai durch typisch hochlitauische malerische Landschaften bis in den hügeligen Norden des Landes.

Sie verlassen *Vilnius (S. 27)* in nördlicher Richtung auf der Nebenstraße in Richtung Molėtai. Schon nach 10 km empfiehlt sich ein erster Abstecher in den *Verkiai-Park*, der einen wunderbaren Baumbestand aus uralten Linden, Kastanien und Walnussbäumen birgt und inmitten dieses dendrologischen Kleinods das *Schloss Verkiai*, einst bischöfliche Sommerresidenz.

Etwa 25 km nördlich von Vilnius nähern Sie sich dann dem geografischen Zentrum Europas – auf dem alten Burghügel *Bernotai (S. 41)* sind die Koordinaten in einen Findling eingraviert. Seit zum EU-Beitritt eine schmucke Sternensäule und gepflasterte Wege hinzukamen, hat der markante Mittelpunkt allerdings viel von seinem stillen Flair verloren.

Weiter geht's in Richtung Norden. Etwa bei Kilometer 40 zweigt rechts eine schmale Straße ab in das nahe Dörfchen *Dubingai*, das idyllisch eingebettet liegt in die sanfte aukštaitische Landschaft rings um den verzweigten Asveja-See, mit seinen 22 km einer der längsten des Landes. Großfürst Vytautas hatte hier eine Burg. Ein sanftes Paradies abseits der Touristenwege.

Nach 65 km haben Sie *Molėtai* erreicht. In der von fünf Seen umgebenen Kleinstadt (7000 Ew.) lohnt sich wegen der wundervollen Umgebung ein Stopp; besuchen sollten Sie das astronomische Observatorium mit seinem einzigartigen *Ethnokosmologischen Museum* Insider Tipp *(Mi–So 10–18 Uhr)* etwas außerhalb an der Straße nach Utena auf dem 193 m hohen Berg Kaldinių (ausgeschildert). Das Museum widmet sich der Faszination, die das Universum auf die Menschen ausübt – von wissenschaftlicher Forschung bis hin zur Esoterik.

Von Molėtai aus führt die Tour weiter in nordwestliche Richtung über Alanta mit seiner schönen Barockkirche in das Dichterstädtchen *Anykščiai (S. 53)* an der Mündung der Anykšta in die liebliche Šventoji, den landschaftlich wohl schönsten Fluss Litauens. Der stille Kurort ist so etwas wie das »Weimar Litauens«, denn hier lebten und wirkten viele Schriftsteller des 19. und 20. Jhs. Im Zentrum der Kleinstadt (14 000 Ew.) steht die neugotische Kirche des Apostels Matthäus mit ihrem 79 m hohen Doppelturm. Wenn Sie in Anykščiai eine Rast einlegen wollen, wandern Sie den berühmten *Heiligen Hain* entlang – einfach südlich der Stadt am Hang des Šventoji-Tals dem von Eichenpfählen gesäumten Weg folgen. Idyllisch ist auch der Rubikių-See mit seinen 16 Inseln.

Zurück auf der Tour kommen Sie nach *Troškūnai* mit seinem Bernhardinerkloster (1696 gegründet) und nach *Raguvelė,* wo das klassizistische Schloss Komariai mit seinem Ende des 18. Jhs. erbauten Gutshof sehenswert ist. Mehrere Male kreuzen die Windungen des Flüsschens Nevėžis die Straße, bevor *Panevėžys* in Sicht kommt. Litauens fünftgrößte Stadt (130 000 Ew.), ein Industriezentrum an der Via Baltica, hat wie Šiauliai in den Weltkriegen schwer gelitten und wurde so sowjetisch wieder aufgebaut, dass es mit den schönen Altstädten anderer Orte nicht mithalten kann. Anzusehen lohnt sich dennoch die Bischofskathedrale

Auf dem Bernotai im noch jungen EU-Mitglied Litauen liegt der geografische Mittelpunkt Europas

(Panevėžys ist seit 1927 Bischofssitz), und schön zum Bummeln ist die Nevežys-Uferpromenade. Im Zentrum der Stadt, am Freiheitsplatz, finden Sie die *Touristeninformation (Laisvės aikšte 11, Tel./Fax 45/50 80 80, www.panevezys.lt).*

Panevėžys ist ein guter Ausgangspunkt für Ausflüge, von hier können Sie in viele Richtungen Touren anknüpfen: weiter in die Biržai-Region mit ihren Kalksteinhöhlen, in die Hügellandschaft der »Litauischen Schweiz« rings um Rokiškis oder in südliche Richtung auf der Via Baltica nach Kaunas.

Segeln, fliegen, Vögel zählen

Ein Land für Radwanderer und Kanufahrer, doch die Möglichkeiten für einen Aktivurlaub reichen weiter

In Litauen können Sie: tagelang Rad fahren, durch schier endlose Waldlandschaften wandern, angeln, paddeln, reiten, tauchen, segeln, surfen, Rundflüge buchen oder (mit Pilotenschein) selbst fliegen und natürlich – Basketball spielen. Die Möglichkeiten für einen aktiven Urlaub haben sich in den letzten Jahren erheblich verbessert. Für Radwanderungen, Ausritte und Wassersport ist das ebene, grüne und gewässerreiche Land von Natur aus wie geschaffen, hier liegt auch der Schwerpunkt der Angebote. Hotels und Reiseveranstalter verleihen Kanus und Fahrräder samt Ausrüstung, stellen komplette Tourenprogramme zusammen.

Wer sich nicht auf solche mehrtägigen, geführten Touren festlegen will, findet in den fünf National- und 30 Regionalparks des Landes viele individuell planbare Tagesangebote. Über die Möglichkeiten in den jeweiligen Regionen informieren die Touristinformationszentren (TIC) oder der Insider Tipp *Verband der Sport- und Reisefreunde* in *Vilnius (Žemaitės 6, Tel. 5/233 59 30, Fax 213 52 55)*. Das litauische *Tourismusbüro (www.travel.lt)* gibt die Broschüre »Aktivurlaub« heraus.

Reiten hat hier Tradition: Litauen ist ein ideales Land für Pferdefreunde

ANGELN

Angeln ist in Litauen eine nationale Leidenschaft, was nicht wundert in einem Land mit 4000 Seen und über 1000 Flüssen. In den Nationalparks Aukštaitija und Dzūkija, wo die besten Reviere liegen, organisiert man auch Angeltouren, verleiht Ausrüstung und gibt Lizenzen aus. Fischreich sind der Nemunas und das Kurische Haff. Im Winter finden sich Tausende Petrijünger aus dem ganzen Land zum beliebten Eisfischen auf dem Haff ein. Bei der Beschaffung von Angellizenzen helfen die örtlichen Touristeninformationen. Infos zu Revieren und Angeltouren: *www.countryside.lt (deutschsprachig)*.

BIRDWATCHING

Ornithologen kommen in der unberührten Natur des Landes voll auf ihre Kosten. In Litauen nisten und rasten etwa 330 Vogelarten, und die Kurische Nehrung zählt zu den kontinentalen Brennpunkten des Vogelzugs – im Frühling und Herbst ziehen bis zu 1 Mio. Vögel pro Tag über die Landzunge. In Ventė am Kurischen Haff arbeitet eine Vogelwarte. Für Birdwatching-Touren interessant ist das *Žuvintas-Reservat* südöstlich von Marijampole. Das 54 km^2 große, geschützte Sumpfgebiet darf man allerdings nur mit einem Führer betreten. *Beobachtungstouren: Tel./Fax 315/495 40, zuvintas@ alytus.omnitel.lt*

Im *Čepkeliai-Reservat (Čepkelių rezervatas)*, Litauens größtem und einsamstem Moorgebiet an der weißrussischen Grenze, benötigen Sie ebenfalls die Begleitung eines Führers. Ornithologen haben dort über 150 Vogelarten nachgewiesen, darunter Schelladler und Birkhühner. Von einem Insider Tipp Hochstand südöstlich von Marcinkonys aus hat man einen guten Ausblick in die Hochmoorwildnis. Führungen vermittelt das *Infozentrum Marcinkonys, Tel. 313/447 39, Fax 444 28.* Infos bei der *Ornithologengesellschaft* in *Vilnius, Naugarduko 47, Tel./Fax 5/223 04 98, www.bird life.lt, www.birdwatching.lt.*

FLIEGEN

Informationen über Ballonfahrten, Rundflüge, Fallschirmspringen, Mitfluggelegenheiten in Segelfliegern oder sogar Düsenjägern (L-29): *Litauischer Flieger-Club* in *Vilnius, Kaštonų 4, Tel. 5/212 39 20, Fax 212 29 72,* und *Ballonverein, Pylimo 45, Tel. 5/273 27 02, Fax 271 83 26, www.ballooning.lt.*

GOLF

Bislang gibt es nur einen Golfplatz im Land: den *Golfclub Elnias (Tel. 37/470 23)*, eine Neun-Loch-Anlage in *Didžiosios Lapės*, 15 km westlich von Kaunas. Gute Minigolfanlagen besitzen Palanga und Nida.

KANU & KAJAK

Litauen ist ein Dorado für Wasserwanderer. Allein die Regionalparks bieten auf ihren Seen und Flüssen über 3000 km Kanurouten, die sich jeweils wiederum schier unendlich variieren und kombinieren lassen. Eine der längsten und anspruchsvollsten Touren ist die auf dem *Nemunas,* von der weißrussischen Grenze bis zum Delta am Kurischen Haff 460 km quer durchs ganze Land. Traumreviere finden Paddler in der *Seenplatte des Aukštaitija-Nationalparks* mit vielen Routen bis 150 km Länge *(Infos unter www.valtine.lt)*. Die schönsten der 20 Kanuflüsse: *Neris* (235 km), *Merkys* (182 km), *Minija* (180 km) und *Šventoji* (280 km). An vielen Orten können Sie Boote und Kanus samt Ausrüstung ausleihen. Ausführliche Infos gibt es auch beim *Verband der Sport- und Reisefreunde* in *Vilnius (Žemaitės 6, Tel. 5/ 233 59 30, Fax 213 52 55).*

RADWANDERN

Zwei Euro-Velo-Strecken gibt es in Litauen. Am schönsten ist die Route 11: Sie führt im Süden durch die *Dzūkija* und dann via Vilnius in den *Aukštaitija-Nationalpark.* Euro-Velo Nr. 10 startet in *Nida* und führt über die Kurische Nehrung weiter in Richtung *Palanga.* Fast alle National- und Regionalparks haben Radwanderrouten ausgewiesen. Das bestausgebaute Radwandernetz besitzt *Druskininkai.* Weitere schöne Touren: »Erdmuseum« (80 km um *Biržai*), »Teufelsloch« *(Re-*

Entspanntes Segeln auf dem von der Nehrung geschützten Kurischen Haff

gionalpark Aukštadvaris) und »Nemunas-Schleifenpark« *(Birštonas)*.

Erwarten Sie an den Routen keine allzu gute Markierung. Wichtig ist eine genaue Karte, dann können Sie sich problemlos eigene Strecken zusammenstellen – oder Sie schließen sich einer organisierten Radtour an (z. B. www.deltatours.lt). *Litauischer Radfahrerverband BIC* in *Klaipėda, Tel. 685/771 95, Fax 46/38 06 50, www.bicycle.lt*

REITEN

Als Pferdeland hat Litauen eine lange Tradition. Noch heute sind Pferdefuhrwerke in ländlichen Regionen alltägliche Verkehrsmittel, und immer mehr Urlauber-Bauernhöfe entdecken das Reiten für ihre Gäste. Ein Tipp ist das *Pferdemuseum* in *Niūronys* im Anykščiai-Regionalpark, dort werden auch Ausritte und Kutschfahrten angeboten *(Tel./Fax 381/517 22)*. Eine gute Adresse ist auch das *Reitzentrum des Regionalparks Kurtuvėnai (Parko 2, Tel. 41/37 00 22, Fax 37 03 36, www.kurtuva.lt)*. Mittlerweile gibt es landesweit Pferde- und Ponyhöfe sowie etwa 20 Gestüte. Eine litauische Berühmtheit ist das »Pferderennen auf dem Eis« im Februar in Dusetos. *www.horse.lt*

SEGELN

Die schönsten Segelreviere Litauens sind das Kurische Haff, das Kaunasser Meer, die Seenplatte um Trakai und die Ostsee. In den meisten der acht Yachtclubs des Landes können Sie Mitsegeltörns buchen oder Boote chartern. Infos in den Clubs. *Klaipėda: Smiltynės 25, Tel./Fax 46/39 11 07; Kaunas: Gimbutienės 35, Tel./Fax 37/37 04 15, www.jachtklubas.lt; Vilnius: Totorių 13, Tel. 5/262 76 43, Fax 275 33 34*

Nemo suchen und Elche gucken

Nicht nur Meer und Strandburgen warten auf kleine Besucher

Alle Balten sind ausgesprochen kinderfreundlich, da machen die Litauer keine Ausnahme. Allerdings beginnt sich die touristische Erkenntnis, dass man kleinen Gästen mehr bieten muss als halbe Portionen in Restaurants, gerade erst durchzusetzen. Abenteuerspielplätze, Spaßbäder und Vergnügungsparks westlichen Musters sind allenthalben noch Mangelware. Dafür hat Litauen etwas anderes zu bieten: tolle Natur, die es zu entdecken gilt. Hölzerne Waldgeister säumen Wanderwege, originelle Museen in hohlen Baumstämmen und Bienendörfer lassen Langeweile schnell vergessen, und an den herrlichen Ostseestränden fühlen sich Kinder von Natur aus wohl.

AUKŠTAITIJA

Höhlenexkursion Biržai [112 A1]
Rings um Biržai ganz im Norden des Landes nahe der Grenze zu Lettland erstreckt sich eine im Baltikum einzigartige Kalksteinlandschaft mit vielen Höhlen, Spalten, Löchern, Kratern und unterirdischen Gängen, die zu Erkundungen einladen und für Kinder zu einem abenteuerlichen Expeditionserlebnis werden. Viele der Höhlen liegen versteckt oder sind kaum zugänglich, doch einige sind leicht erreich- und begehbar, am berühmtesten ist die *Kuhhöhle (Karvės ola)* nahe dem Dorf Karajimiškis, mit fast 50 m Länge auch das größte der bisher entdeckten 3000 Karstlöcher. Die Höhlen entstanden durch Auswaschungen des Grundwassers in dem stark gipshaltigen Untergrund. In der *Parkverwaltung des Biržai-Regionalparks* bietet man Touren und Führungen in diese bizarre Landschaft an. *Ramunių 2, Tel./Fax 450/342 64, reg.parkas@is.lt*

Wer so freundlich in die Welt guckt, findet sicher überall Spielkameraden

Standseilbahn Kaunas (Funikulierius) [114 C3]
Eine Bergbahn im flachen Litauen? Gibt's tatsächlich. Die »Funikulierius« genannte Standseilbahn fährt in Kaunas zu den *Aleksoto-Hügeln* südlich des Nemunas hinauf, als technisches Denkmal und echtes Unikum. Schweizer Ingenieure bauten die Bahn 1935. Litauens ältestes noch betriebenes Verkehrsmittel ist vor allem bei den Kindern beliebt – schon der 265 Treppenstufen wegen, die sonst hinaufzuklettern wären. Knapp zwei Minu

ten braucht der schräge Oldtimerwaggon für seinen gemächlichen Aufstieg, schließlich ist das Aleksoto-»Gebirge« auch nur 72 m hoch. Oben gibt's eine Aussichtsplattform für einen weiten Blick auf den Zusammenfluss von Nemunas und Neris und die Altstadt bis hinüber zum *Žaliakalnis,* dem »Grünen Berg«, auf den übrigens ebenfalls eine Standseilbahn hochrumpelt. *Skriaudžių, südlich der Aleksoto-Brücke, Mo–Fr 7–19 Uhr, Sa, So 8–17 Uhr.* Die Bahn auf den Žaliakalnis fährt alle paar Minuten von der *Putvinskio 22, tgl. 8–18 Uhr. Fahrpreis jew. 0,5 Lt.*

Wisentreservat **[111 F3]**

Wisente, die größten Landtiere Europas, waren auch in Litauen schon lange ausgestorben, der letzte wurde 1919 erlegt. Doch Ende der 1960-Jahre hat man sie wieder angesiedelt, und aus den vier Wisenten, die man damals aus Moskau herbrachte und bei *Girelė,* 20 km südwestlich von Panevėžys, auswilderte, ist mittlerweile eine große Herde von über 40 Tieren gewachsen. Im *Pažiliai-Wisent-Reservat (Tel./Fax 45/58 91 08, krparka@panevezys.com)* des Krekenava-Regionalparks kann man diese riesigen wilden Rinder auch mit Kindern gut beobachten. Die meisten der Wisente leben zwar in freier Wildbahn, aber einige werden in Gehegen gehalten und kommen dann auch schon mal ganz nah – vor allem, wenn es Futter gibt.

Zoo Kaunas
(Zoologijos sodas) **[114 C3]**

Obwohl es 8000 Elche in Litauen geben soll, brauchen Sie schon großes Glück, um einen der riesigen Sumpfhirsche zu entdecken, aber mitten in Kaunas wird das ganz sicher gelingen. Der einzige Zoo des Landes liegt am Rand des Azyolonas-Parks, zu sehen sind insgesamt etwa 2000 Tiere in 269 Arten. Die Anlage soll schon lange renoviert werden, was sie auch bitter nötig hätte, aber bislang fehlte dazu das Geld. *April–Sept. tgl. 9–19, Okt. bis März 9–17 Uhr, Radvilėnu plantas 21, Eintritt 4 Lt., Kinder 2 Lt.*

ŽEMAITIJA

Katzenmuseum
(Katinų muziejus) **[111 E2]**

In der *Station Junger Naturforscher* in *Šiauliai* haben sich Kinder für Kinder etwas Erstaunliches ausgedacht: ein Katzenmuseum, ausgestattet mit Bildern und Fotos, Büchern, Gedichten, Katzenfiguren aus allen möglichen Materialien, Katzenfutterpackungen aus aller Welt und viel skurrilem Nippes aus dem Leben der Stubentiger und ihrer Liebhaber. Etwa 10 000 Exponate sind seit 1990 eingetroffen. *Mi–So 11–17 Uhr, Žuvininkų 18, Eintritt 2 Lt., Kinder 0,5 Lt.*

Vergnügungspark
Palanga **[110 A2]**

In Litauens Strandparadies Palanga kommt so schnell keine Langeweile auf, doch für alle Fälle gibt's auch einen *Vergnügungspark* mit kleinen Karussells und Autoskootern. *Jūrates gatvė, Eintritt frei*

KURISCHE NEHRUNG

Hexenberg
(Raganų kalnas) **[110 A4]**

★ Geister, Gnome, Wunderwesen: Ein sagenhafter Wanderweg erwar-

Kleine Verschnaufpause beim Ausflug in den Aukštaitija-Nationalpark

tet die Kids auf dem Hexenberg in *Juodkrantė*. Fast hundert Schnitzfiguren aus Volksmärchen säumen den Parcours über eine alte Wanderdüne. Am Anfang steht der »Märchenerzähler«; ist dann das »Hexentor« durchschritten, gibt's kein Zurück mehr, denn ein Rastplatz findet sich erst am »Thron des Teufels« … Ein Heidenspaß für Kinder, zumal sie auf manchem kauzigen Waldgeist herumturnen dürfen. Wer es ein bisschen gruselig mag, besucht die bizarren Märchenwesen an diesem schon seit Jahrhunderten sagenumwobenen Ort nach Sonnenuntergang in der stillen Abenddämmerung oder – noch gespenstischer – bei Vollmond. Eine echte Mutprobe und nichts für schwache Nerven! Unvergesslich schön ist auf dem Hexenberg das Johannisfest zur Sommersonnenwende. *Rėzos 46, eine hölzerne Hexe weist den Weg*

Meeresmuseum (Lietuvos Jūrų muziejus) **[110 A3]**

Das 1866–71 erbaute *Fort Kopgalis* auf der Nordspitze der Kurischen Nehrung beherbergt ein landesweit einzigartiges Meeresmuseum mit Tausenden von bunten Muscheln und Schnecken, Korallen und einem großen Aquarium mit Ostseefischen und ihren tropischen Verwandten, in dessen Außenanlage sich Robben und Pinguine tummeln. Jedes Kind in Litauen kennt diese »Nemo-Schau«. Jährlich kommen fast 1 Mio. Besucher in die runde Festung. Attraktion ist das Delphinarium mit über tausend Sitzplätzen, in dem Schwarzmeerdelphine und Seelöwen ihre Kunststücke zeigen. Je nach Jahreszeit gibt's zwei bis drei Shows pro Tag. *Mai–Sept. Mi–So 10.30–18, Okt. bis April Sa, So 10.30–17 Uhr, Smiltynės 3, Eintritt 4 Lt., Kinder 2 Lt., www.muziejai.lt*

Insider Tipp

Angesagt!

Was Sie wissen sollten über Trends, die Szene und Kuriositäten in Litauen

Latin-Fever

Möglicherweise liegt es am vergleichsweise »südlichen« Temperament der Litauer (in baltischem Maßstab), vielleicht auch einfach an der Sehrsucht nach Sonne: In den Clubs und Diskos von Vilnius bis Klaipėda ist neuerdings Latin-Dance oberangesagt. Egal ob Salsa, Tango oder Samba, ohne den cool-heißen Sound aus Südamerika und der Karibik kommt kaum noch ein Tanzladen aus, wenn er trendy sein will. Einer der heißesten Club-Tipps für Latin-Fans: *www.pablolatino.lt*

Pop made by SKAMP

Ihre jüngste CD »Deadly« hielt sich fast ein Jahr in den Albumcharts, DJs spielen ihre Titel rauf und runter, im benachbarten Lettland lieferten sie mit »Na Na Na« den Sommerhit 2006: SKAMP heißt die beliebteste Popband Litauens. Die Band ist eine der wenigen, denen auch international der Durchbruch gelang. Vilius, Vee und Sängerin Erica, die sich 1995 zu SKAMP zusammenschlossen, schreiben alle Songs selbst. Ihr Geheimnis: frischer, meist englisch gesungener Alltagspop »irgendwo zwischen Faithless und Chilli Peppers« (MTV Music Awards). Trotz ihrer Karriere sind die drei Musiker auf dem Boden geblieben. Sie treten bis heute auch in kleinen Clubs auf, engagieren sich in Sozialprojekten und geben schon mal ein spontanes Weihnachtskonzert auf dem Kathedralenplatz in Vilnius – ohne jedes Stargehabe. *www.scamponline.com*

Sportlicher Patriotismus

Was Deutschland erst in der Euphorie der Fußball-WM wiederentdeckte, ist für junge Litauer längst selbstverständlich: unbeschwerter, ausgelassener Patriotismus. Die Litauer sind stolz auf ihr Lietuva, und am allermeisten sind sie es in Verbindung mit *dem* Nationalsport: Basketball. Wenn in Kneipen plötzlich Fernseher auf dem Tresen stehen, Schrankenwärter vergessen, die Schlagbäume wieder hochzukurbeln, und Autos voller Fahnen schwenkender junger Leute hupend durch die Stadt düsen, spielt ziemlich sicher gerade das litauische Nationalteam. Es muss nicht unbedingt gewinnen – man feiert den Auftritt, so oder so.

Von Anreise bis Zoll

Hier finden Sie kurz gefasst die wichtigsten Adressen und Informationen für Ihre Litauenreise

ANREISE

Auto

Von Polen auf der Via Baltica (E 19) ab Warschau über Suwałki und den polnisch/litauischen Grenzübergang Budzisko/Kalvarija (oder etwas südlicher in Lazdijai) weiter in Richtung Marijampole, Kaunas und Vilnius. Die Grenzabfertigung läuft in der Regel zügig und problemlos.

Bahn

Die besten Verbindungen führen über Warschau: dreimal täglich Expresszüge ab Berlin-Ostbahnhof bzw. Lichtenberg, von Warschau (Umsteigen auf dem Zentralbahnhof!) aus fahren Anschlusszüge nach Vilnius und Kaunas, auch nachts. Fahrzeiten: Berlin–Warschau etwa 6 Stunden, Warschau–Vilnius etwa 10 Stunden. Auskunft erteilt der *Bahn-Informationsdienst, Tel. 0800/150 70 90, www.bahn.de, www.pkp.com.pl.*

Fähre

Autofähren verkehren ganzjährig zwischen Kiel und Klaipėda. Im Winter sind Einschränkungen durch Eisgang möglich. Fahrzeit: etwa 20 Stunden. Alternativ besteht die Möglichkeit, die Fähre von Rostock nach Liepaja in Lettland zu nutzen – Liepaja liegt nahe der litauischen Grenze. Einen aktuellen Überblick über Fährverbindungen gibt's auf *www.baltikum24.de.* Fähren: Scandlines *(www.scandlines.de)* und Lisco *(www.lisco-baltic-service.de, www.lisco.lt).*

Flugzeug

Lufthansa, AirBaltic und die litauische FlyLAL verkehren täglich zwischen Vilnius und Flughäfen in Deutschland und der Schweiz, z. B. ab Berlin, Frankfurt und Zürich. Angeflogen werden auch das Ostseebad Palanga (Eurowings, im Sommer täglich von Düsseldorf) und Kaunas (Air Lithuania, täglich von Hamburg mit Zwischenstopp in Palanga). Günstig: erst nach Warschau fliegen und von dort mit der LOT weiter nach Vilnius. Airlines: Lufthansa *(www.lufthansa.com)*, FlyLAL *(www.lal.lt)*, AirBaltic *(www.airbaltic.de)*, Air Lithuania *(www.airlithuania.com)*, Eurowings *(www.eurowings.de)*, LOT *(www.lot.com).*

AUSKUNFT

In Deutschland

Baltische Tourismuszentrale, Katharinenstr. 19, 10711 Berlin, Tel. 030/89 00 90 91, Fax 89 00 90 92, www.baltikuminfo.de

In Litauen

Staatl. Litauisches Tourismusbüro, A. Juozapavičiaus 13, 09311 Vilnius,

€	Lt.
1	3,45
3	10,35
5	17,25
20	69,00
25	86,30
70	242,00
90	311,00
150	518,00
400	1381,00

Lt.	€
5	1,45
10	2,90
25	7,25
30	8,70
50	14,50
150	43,50
250	72,50
400	116,00
900	261,00

Tel. 5/210 87 96, Fax 210 87 53, www.tourism.lt, www. travel.lt

Im Land finden Sie in allen größeren Orten Infozentren *(turizmo informaicijos centras)*, erkennbar am grün-weißen »I«-Signet.

AUTO

Höchstgeschwindigkeiten: Autobahn 110 km/h (Mai–Oktober 130 km/h), Landstraßen 90 km/h, innerorts 50 km/h. Viele Radarkontrollen. Von November bis März und in der ersten Septemberwoche (Schulbeginn) ist tagsüber Abblendlicht Pflicht. Die Ampelschaltung (Grün blinkt zehn Sekunden vor dem Umschalten auf Gelb) ist ein Relikt aus der Sowjetzeit: bei Gelb nie mehr auf die Kreuzung fahren!

Litauen hat als ein einziges baltisches Land längere Autobahnen. Alle Fernstraßen sind in gutem Zustand, doch Vorsicht auf Nebenstrecken: Oft geht der Asphalt unvermittelt in Schotterpisten über. Auf der Autobahn sind gern auch Radfahrer und Pferdewagen unterwegs, selbst nachts. Die Verkehrsdichte ist gering, außer in den drei großen Städten. Moderne Tankstellen gibt es genügend und bleifreies Benzin überall (Normal: 95, Super: 95 E). Die Promillegrenze liegt bei 0,4. Die Mitnahme der grünen Versicherungskarte ist zu empfehlen.

BANKEN & KREDITKARTEN

Die meisten Banken akzeptieren die gängigen Kredit- und EC-Karten, größere Filialen lösen auch Reiseschecks ein. Geldautomaten (EC, Master, Visa, Eurocard) finden Sie in jedem größeren Ort, weit verbreitet sind die rund um die Uhr verfügbaren *Bankas-Snoras*-Häuschen. Bezahlen mit Kreditkarte setzt sich in Vilnius, Kaunas und Klaipėda immer mehr durch.

DIPLOMATISCHE VERTRETUNGEN

Botschaft der Bundesrepublik Deutschland
Sierakausko 24/8, 2600 Vilnius, Tel. 5/210 64 00, Fax 210 64 46, www.vilnius.diplo.de

Österreichische Botschaft
Gaono 6, 01131 Vilnius, Tel. 5/ 266 05 80, Fax 279 13 63, wilna-ob @bmaa.gv.at

Schweizer Konsulat
Konarskio 49, 3123 Vilnius, Tel. 5/212 08 37, Fax 279 14 84, schw eizer-gk-vilnius@gmx.ch

EINREISE

Für die Reise nach Litauen genügt der Personalausweis. Auf Verlangen muss der Abschluss einer Auslandskrankenversicherung nachgewiesen werden. Wer länger als 90 Tage im Jahr im Land bleiben will, benötigt eine Aufenthaltsgenehmigung. *www.botschaft.lt*

GESUNDHEIT

Neben der Notwendigkeit einer Auslandskrankenversicherung empfiehlt sich eine Zeckenschutzimpfung, wenn Sie viel in der Natur unterwegs sein wollen. Die Europäische Krankenversicherungskarte (EHIC) gilt auch in Litauen. Im Einzelfall kann es allerdings sein, dass sie dem Arzt noch unbekannt ist.

Erste Hilfe und ambulante Behandlung sind kostenlos, bei Arztbesuchen ist ein Honorar üblich. Medikamente werden in den Apotheken *(Vaistine)* rezeptfrei verkauft. Eine Apotheke, in der man Deutsch spricht, ist die rund um die Uhr geöffnete *Vokiečių Vaistine (Deutsche Apotheke)* in *Vilnius, Didžioji 13, Tel. 5/262 42 32, Mo–Fr 8–20, Sa 8–15 Uhr.*

Die medizinische Nothilfe ist von jedem Telefon aus unter *03* kostenlos erreichbar, allerdings spricht man dort fast stets nur Litauisch und Russisch. Nach Deutsch sprechenden Ärzten fragen Sie am besten in den größeren Hotels.

INTERNET

Es gibt eine Vielzahl informativer Websites über das Land, dessen Einwohner wie alle Balten eifrige Internet-User sind. Empfehlenswert: *www.litauen-info.de, www.litauen.com, www.litauen.org, www.ratgeber-litauen.de.* Eine Liste weiterführender Links finden Sie unter *www.neris.mii.lt.* Weitere nützliche Adressen: *www.inyourpocket.com* (Städteführer mit aktuellen Veranstaltungstipps etc. für Vilnius, Kaunas und Klaipėda), *www.muziejai.lt* (litauische Museen), *www.thomas-mann-haus.de* (Veranstaltungen des Thomas-Mann-Hauses in Nida).

INTERNETCAFÉS

Internetcafés gibt's nur in den großen Städten, die meisten Neueröffnungen halten sich nicht lange. *Collegium Dora, Vilnius, Pilies 22-1, Tel. 5/261 83 34, tgl. 9–24 Uhr, www.dora.lt; Internetas, Kaunas, Vilniaus 24, Tel. 27/40 74 27, tgl. 10–24 Uhr, www.cafenet.ot.lt*

KLIMA & REISEZEIT

Die schönste Zeit für eine Litauenreise liegt zwischen Mai und Oktober. Die Sommer können richtig warm werden. Die Ostsee erwärmt sich trotzdem erst recht spät, erreicht im August bis zu 23 Grad. Im Hochsommer ziehen abends oft urplötzlich gewaltige Gewitter auf. Legendär ist der baltische Herbst, wenn die Bäume der Wälder in allen Farben leuchten. Die Winter sind schneereich und oft bitterkalt, nicht selten flimmert nachts das Nordlicht.

LITERATURTIPPS

Marianna Butenschön: »Litauen«, ein fundiertes Landesporträt von den Anfängen bis zur Gegenwart; Johannes Bobrowski: »Litauische Claviere«, Erzählungen aus dem Memelland der 30er-Jahre; Czeslaw Milocz: »Die Straßen von Wilna«, eine zärtliche Hommage des litauisch-polnischen Literaturnobelpreisträgers an die Stadt seiner Jugend; Christian Papendieck: »Die Kurische Nehrung«, ein gediegener Bildband; Antanas Baranauskas: »Der Hain von Anykščiai«, ein Klassiker der litauischen Erzähltradition; Claudia Sinnig: »Litauen«, ein literarischer Reisebegleiter.

MIETWAGEN

In Vilnius, Kaunas und Klaipėda sind alle großen internationalen Mietwagenfirmen vertreten. Die Preise liegen über westlichem Niveau, durchschnittlich 50–80 Euro

Wetter in Kaunas

	Jan.	Feb.	März	April	Mai	Juni	Juli	Aug.	Sept.	Okt.	Nov.	Dez.
Tagestemperaturen in °C	–5	–4	2	7	13	18	22	20	16	9	4	–3
Nachttemperaturen in °C	–10	–9	–4	1	6	10	14	12	8	2	–3	–8
Sonnenschein Std./Tag	1	2	4	6	8	9	9	8	5	3	1	1
Niederschlag Tage/Monat	16	15	14	13	12	12	15	15	13	13	16	16

pro Tag inkl. Versicherung (Golfklasse). Billiger kann es sein, den Mietwagen schon von zu Haus aus über einen Reiseveranstalter zu buchen. Ebenfalls günstiger sind oft lokale Anbieter *(www.litinterp.lt, www.unirenta.lt)*, die es auch in kleineren Städten gibt. Angebote für Mietwagen finden Sie auch unter *www.marcopolo.de.*

NOTRUFE

Feuerwehr 01, Polizei 02, Krankenwagen 03. Die Notrufe werden derzeit aber auf internationalen Standard (Feuerwehr/Notarzt 112, Polizei 110) umgestellt.

ÖFFENTLICHE VERKEHRSMITTEL

Das Streckennetz der Bahn ist weit weniger gut ausgebaut als das der Buslinien, mit denen man überall hinkommt: pünktlich, sicher, schnell. Busse sind etwas teurer als Züge (100 km kosten etwa 4,50 Euro). Jeder größere Ort hat einen Busbahnhof mit Gepäckaufbewahrung. Zwischen den Städten verkehren komfortable Fernreisebusse *(www.kautra.lt)*, und überall sind rund um die Uhr private Minibusse *(mašrutinis)* unterwegs, die auf Handzeichen halten. In Vilnius und Kaunas fahren Trolleybusse. Die Tickets (gibt's an Kiosken oder beim Fahrer) sind bei Fahrtantritt zu entwerten. Schwarzfahren sinnlos, fast immer ist ein *kontrolierius* an Bord.

ÖFFNUNGSZEITEN

Geschäfte sind in der Regel Mo–Fr 8–20, Sa und So 8–18 Uhr geöffnet, Supermärkte oft 8–22 Uhr (oder gar bis 24 Uhr, und zwar täglich). Mitunter schließen Läden und Restaurants allerdings einfach, wenn nichts los ist. Die meisten Museen sind Di–So 11–18 Uhr geöffnet, Postämter und Banken Mo–Fr 8–17 bzw. 9–17 Uhr.

Was kostet wie viel?

Bier	**1 Euro** für 0,5 l einer heimischen Marke
Kaffee	**70 Cent** für eine Tasse im Café
Brot	**60 Cent** für ein 500-g-Weizenbrot
Fahrrad	**2,50–4,50 Euro** Miete für 1 Tag
Benzin	**1,10 Euro** für 1 l Super bleifrei
Busfahrt	**30 Cent** für eine Stadtfahrt

POST

Briefe und Postkarten in europäische Länder kosten 1,70 bzw. 1,20 Lt. Ein Brief nach Deutschland ist etwa eine Woche unterwegs. Viele Postämter *(Pašta)* bieten Fax- und Kopierservice *(www.post.lt)*. Briefmarken werden auch an Kiosken und in Andenkenläden verkauft.

PREISE & WÄHRUNG

Die Landeswährung, der Litas (Lt.), ist seit 2002 an den Euro gekoppelt. Wechselstuben *(Valiutos Keitykla)* finden Sie in Stadtzentren und Banken. Das Preisniveau liegt deutlich unter dem westlichen, doch in den Städten und touristischen Zentren ist alles teurer als auf dem Land.

Kultur kostet wenig, die Eintrittspreise in Museen liegen meist zwischen 1 und 4,50 Euro. Karten fürs Theater kosten 3–13 Euro, der Eintritt in Diskos 2–8 Euro.

SICHERHEIT

Wenn Sie die üblichen Vorsichtsregeln beachten, können Sie sich so sicher wie zu Hause fühlen. Auto möglichst auf bewachten Parkplätzen abstellen und keine Wertsachen im Wagen lassen. In Touristenzentren ist die Polizei deutlich stärker präsent, überwacht in Vilnius und Kaunas belebte Plätze zudem per Video. Die Kriminalitätsrate ist viel geringer, als manche Vorsichtsmaßnahme der Einheimischen befürchten lässt, und von der berüchtigten Osteuropa-Mafia bekommen Sie als Tourist nichts mit.

TAXIS

Bei der Bestellung eines Taxis auf Firmenlogo, Lizenz (meist hinter der Windschutzscheibe) und funktionierendes Taxameter achten. Am besten, Sie lassen sich das Taxi telefonisch rufen (Zielort angeben!). Richtwert für den Fahrpreis: 40–70 Cent/km. In Vilnius ist Taxifahren deutlich teurer: 1,20–2,80 Euro pro km. Seriöse Taxifirmen in Vilnius: *Favoritas (Tel. 5/266 66 66)* und *Martono (Tel. 5/240 00 44).*

TELEFON & HANDY

Das Telefonnetz ist mittlerweile fast vollständig digitalisiert worden. Im Zuge der Umstellung haben sich einige Nummern geändert *(Auskunft: 118, Aktuelles: www.telecom.lt, Telefonbuch: www.telefonai.takas.lt).* Internationale Vorwahl für Litauen: 00370. Danach die Ortsvorwahl und dann die Rufnummer wählen.

Innerhalb Litauens wählen Sie zuerst die 8 (Dauerton abwarten), danach Ortsvorwahl und Rufnummer. Gespräche nach Deutschland: 8/1049 (Schweiz 1041, Österreich 1043), dann die Ortsvorwahl ohne Null, dann die Rufnummer.

Das Mobilfunknetz ist auf Westniveau (GSM), alle Anbieter (Bite, Omnitel, Comliet) bieten Prepaid-Karten an. Deutsche Handys funktionieren in Litauen tadellos. Gespräche nach Deutschland: 0049 wählen, dann die Vorwahl ohne Null.

ZEIT

Im Baltikum gilt die Osteuropäische Zeit, die der MEZ um eine Stunde voraus ist. Von Ende März bis Ende Oktober stellt Litauen auf Sommerzeit um.

ZOLL

Kunstwerke und Antiquitäten, die älter als 50 Jahre sind, dürfen nur mit Genehmigung ausgeführt werden. Außer Landes mitnehmen dürfen Sie 200 Zigaretten, 10 l Spirituosen, 90 l Wein und 10 kg Kaffee. Bernsteinschmuck für den persönlichen Bedarf unterliegt keinen Zollbeschränkungen. Für Ein- und Ausfuhr gelten seit Mai 2004 die Regeln des EU-Binnenmarkts. Informationen erhalten Sie bei der Botschaft oder bei der *Zollbehörde* in *Vilnius, Tel. 5/261 30 27, www.cust.lt,* sowie unter *www.zoll-d.de.*

Ar tu kalbi lietuvškai?

»Sprichst du Litauisch?«
Dieser Sprachführer hilft Ihnen, die wichtigsten Wörter und Sätze auf Litauisch zu sagen

Zur Erleichterung der Aussprache:

ą wie langes »a«
č wie deutsches »tsch«
ė lang und geschlossen wie in Esel
š wie deutsches »sch«
ū langes »u«
v wie deutsches »w«
z wie stimmhaftes »s« in sauber
ž stimmhaftes »sch« wie in Genie

AUF EINEN BLICK

Ja/Nein	Taip/Ne
Vielleicht	Galbūt
Bitte/Danke	Prašom (Prašau)/Ačiū
Gern geschehen	Su malonumu
Entschuldigung!/Es tut mir leid	Atsiprašau!/Atleiskite
Schade!	Gaila!
offen/geschlossen	dirba/nedirba (uždaryta)
drücken/ziehen	stumti/traukti
Eingang/Ausgang	įėjimas/išėjimas
Wo sind bitte die Toiletten?	Atsiprašau, kur yra tualetas?
Damen/Herren	Moterims (M)/Vyrams (V)
Hilfe!	Gelbėkite!
Können Sie mir bitte helfen?	Atsiprašau, ar galite man padėti?
Rufen Sie bitte	Prašom, pakviesti …
… einen Krankenwagen!	… greitoji pagalba!
… die Polizei!	… policija!

KENNENLERNEN

Guten Morgen!	Labas rytas!
Guten Abend!	Labas vakaras!
Guten Tag!	Laba diena!
Gute Nacht!	Labanakt!
Hallo! Grüß´ Dich!	Labas! Sveiki!
Wie bitte?	Kaip?
Ich verstehe Sie/dich nicht.	Aš jūsų/tavės nesuprantu.
Bitte wiederholen Sie es.	Prašom pakartoti.
Wie ist Dein/Ihr Name?	Kaip jusų vardas/parvardė?

Mein Name ist …	Mano pavardė/vardas yra …
Woher kommen Sie/kommst du?	Is kur tu/jūs?
Ich komme aus …	Aš esu iš …
… Deutschland.	… iš vokietijos.
… Österreich.	… iš austrijos.
… der Schweiz.	… iš šveicarijos.
Auf Wiedersehen!	Iki pasimatymo!
Tschüs!	Adé! (Atia!)

UNTERWEGS

Bitte, wo ist …	Atsiprašau, kur yra …
… der Bahnhof?	… stotis?
… der Flughafen?	… aerouostas?
… eine Tankstelle?	… benzino kolonėlė?
… eine Werkstatt?	… mašinos remontas?
Bus/Fähre/Zug	autobusas/keltas/traukinys
Wo kann ich einen Fahrschein kaufen?	Kur aš galiu pirkti bilietą?
Können Sie mir bitte sagen, wie ich nach … komme?	Gal galėtumetė man pasakyti kaip nuvykti i …
Gehen Sie geradeaus.	Eikitė tiesiai.
Gehen Sie nach links/rechts.	Eikite į kairę/į dešinę
Erste/Zweite Straße links/rechts.	pirma/antra gatvę į kairę/į dešinę
Nah/weit	arti/toli
Überqueren Sie …	Eikitė per …
… die Brücke.	… tiltą.
… den Platz.	… aikštę.
… die Straße.	… gatvę.
Ich möchte … mieten.	As norėčiau … išsinuomoti.
… ein Auto …	… automobilį …
… ein Fahrrad …	… dviratį …
… ein Boot …	… valtį …

SEHENSWERTES

Wann ist das Museum geöffnet?	Kada šis muziejus įsikūrė?
Ist das …?	Yra tai …?
Altstadt	senamiestis
Ausstellung	paroda
Besichtigung	apsilankymas
Denkmal	paminklas
Gottesdienst	mišios
Kirche	bažnyčia
Naturschutzgebiet	gamtos rezervatas
Rathaus	rotušė
Schloss/Burg	pilis

Stadtplan	miesto planas
Stadtzentrum	miesto centras

DATUMS- & ZEITANGABEN

Montag	pirmadienis
Dienstag	antradienis
Mittwoch	trečiadienis
Donnerstag	ketvirtadienis
Freitag	penktadienis
Samstag	šeštadienis
Sonntag	sekmadienis
Täglich/heute/morgen	kasdien/šiandien/rytoj
Wie viel Uhr ist es?	Kuri valanda?
Es ist drei Uhr.	Trys valandos.
Es ist halb drei.	Puse trijų.
Es ist viertel vor drei.	Be penkiolikos trys.
Es ist viertel nach drei.	Po trijų penkiolika.

ESSEN & TRINKEN

Wo gibt es hier ein gutes Restaurant?	Kur čia yra geras restoranas?
Ist dieser Tisch/Platz noch frei?	Ar čia vieta laisva?
Die Speisekarte, bitte	Prašom, atneškite valgiaraštį
Ich nehme …	Aš imu …
Bitte ein Glas …	Prašom, stiklinę …
Messer/Gabel/Löffel	peilis/šakutė/šaukštas
Vorspeise	užkandis/pirmas patiekalas
Hauptgericht	pagrindinis patiekalas
Nachspeise	saldumynai; desertas
Guten Appetit!	Gero apetito!
Salz/Pfeffer/Senf	druska/pipirai/garstyčios
scharf	aštrus
Ich bin Vegetarier/in.	Aš esu vegetaras/vegetarė.
Zum Wohl!	Į sveikatą!
Trinkgeld	arbatpinigai
Die Rechnung, bitte	Prašom, sąskaitą

EINKAUFEN

Wo finde ich …	Kur galėčiau čia rasti …
… eine Apotheke?	… viastinę?
… eine Bäckerei?	… duonos parduotuvę?
… ein Kaufhaus?	… univesalinę parduotuvę?
… ein Lebensmittelgeschäft?	… maisto prekių parduotuvę?
… einen Markt?	… turgų?

Haben Sie …?	Ar turite …?
Ich möchte …	Aš norėčiau …
Ein Stück hiervon, bitte	Prašau gabalėli
Eine Einkaufstüte, bitte	Prašau maišeli
Das gefällt mir (nicht).	Tai patinka man (nepatinka).
Wie viel kostet es?	Kiek kainuoja?
Nehmen Sie Kreditkarten?	Paimk kredito kortelė?

ÜBERNACHTEN

Ich habe bei Ihnen ein Zimmer reserviert.	Aš esu čia užsisakęs kambarį.
Haben Sie noch ein Zimmer frei?	Ar turite laisvą kambarį?
… für eine Nacht?	… vienai nakčiai?
… für eine Woche?	… vienai savaitei?
ein Einzelzimmer	vienvietis kambarys
ein Doppelzimmer	duivietis kambarys
mit Dusche/Bad	su dušu/vonia
Was kostet das Zimmer?	Kiek kainuoja tas kambarys?
Frühstück	pusryčiai
Wann gibt es Frühstück?	Kada galima pusryčiauti?

PRAKTISCHE INFORMATIONEN

Können Sie mir einen Arzt empfehlen?	Ar galėtumėte man rekomondouti gerą gydytoją?
Ich habe hier Schmerzen.	Man čia skauda.
Ich habe Durchfall.	Aš viduriuoju.
Kinderarzt	vaikų gydytojas
Zahnarzt	dantų gytytojas
Eine Briefmarke, bitte	Prašom, vieną pašto ženklą
Postkarte	atvirukas
Wo ist bitte …	Prašom, kur yra …
… die nächste Bank?	… artimiausias bankas?
… der nächste Geldautomat?	… artimiausias bankomatas?

ZAHLEN

1	vienas	10	dešimt
2	du	11	vienuolika
3	trys	12	dvylika
4	keturi	20	dvidešimt
5	penki	50	penkiadešimt
6	šeši	100	šimtas
7	septyni	200	du šimtai
8	aštuoni	500	penki šimtai
9	devyni	1000	tūkstantis

Reiseatlas Litauen

Die Seiteneinteilung für den Reiseatlas finden Sie auf dem hinteren Umschlag dieses Reiseführers

Kartenlegende Reiseatlas

Autobahn mit Anschlussstellen
Motorway with junctions

Autobahn in Bau
Motorway under construction

Mautstelle
Toll station

Raststätte mit Übernachtung
Roadside restaurant and hotel

Raststätte
Roadside restaurant

Tankstelle
Filling-station

Autobahnähnliche Schnellstraße mit Anschlussstelle
Dual carriage-way with motorway characteristics with junction

Fernverkehrsstraße
Trunk road

Durchgangsstraße
Thoroughfare

Wichtige Hauptstraße
Important main road

Hauptstraße
Main road

Nebenstraße
Secondary road

Fernverkehrsbahn
Main line railway

Autozug-Terminal
Car-loading terminal

Bergbahn
Mountain railway

Kabinenschwebebahn
Aerial cableway

Sessellift
Chair-lift

Eisenbahnfähre
Railway ferry

Autofähre
Car ferry

Schifffahrtslinie
Shipping route

Landschaftlich besonders schöne Strecke
Route with beautiful scenery

Alleenstr. — Touristenstraße
Tourist route

XI-V — Wintersperre
Closure in winter

Straße für Kfz gesperrt
Road closed to motor traffic

8% — Bedeutende Steigungen
Important gradients

Für Wohnwagen nicht empfehlenswert
Not recommended for caravans

Für Wohnwagen gesperrt
Closed for caravans

Kósciol farny — Sehenswürdigkeit
Object of interest

Badestrand
Bathing beach

Besonders schöner Ausblick
Important panoramic view

Ausflüge & Touren
Excursions & tours

Nationalpark, Naturpark
National park, nature park

Sperrgebiet
Prohibited area

Kirche
Church

Moschee
Mosque

Kloster
Monastery

Schloss, Burg
Palace, castle

Ruinen
Ruins

Leuchtturm
Lighthouse

Turm
Tower

Höhle
Cave

Ausgrabungsstätte
Archaeological excavation

Feriendorf
Tourist colony

Motel
Motel

Jugendherberge
Youth hostel

Allein stehendes Hotel
Isolated hotel

Berghütte
Refuge

Campingplatz
Camping site

Flughafen
Airport

Flugplatz
Airfield

Staatsgrenze
National boundary

Verwaltungsgrenze
Administrative boundary

Grenzkontrollstelle
Check-point

Grenzkontrollstelle mit Beschränkung
Check-point with restrictions

PARIS — Hauptstadt
Capital

MARSEILLE — Verwaltungssitz
Seat of the administration

A
B
C
1
2
3
4
5
6
Priekule
Vārkė
Vaiņode
Pikeliai
Ezere
Vecļikupe
Liepājas ezers
Bernāti
Rude
Pukuļi
Krūte
Bārta
Kalēti
Lapenės
Nīca
Plostagals
Aizpyki
Strēliškiai
Židikai
Mažeikiai
Jūrmalciems
Ječukrogs
Narvydžiai
Aleksandrija
Ylakiai
Ukrinai
Žemalė
Tirkšliai
Paklupys
Kūpu kalns
Skuodas
Pašilė
Užliekne
Viekšniai
Raudoniai
Lenkimai
Daukšiai
Mosėdis
Barstyčiai
Ručava
Pape
Papes ezers
Šatės
Seda
Žemaičių Kalvarija
Plinkšės
Senoji Ipiltis
Nevarėnai
Grūšlaukė
Žemaitijos nacionalinis parkas
Orvydų sodyba
Salantai
Plateliai
Alsėdžiai
Palanga (Šventoji)
Darbėnai
Eigirdžiai
Šateikiai
Videikiai
Pauošniai
Telšiai
Kūlupėnai
Rudaičiai
Lieplaukė
Kartena
Liepgiriai
Mastis ežeras
Palanga
Plungė
architekturos ansamblis
Viešvėnai
Kretinga
Lubiai
Žlibinai
Luokė
Kretingalė
Baubliai
Žarėnai
Patumšai
Jokūbavas
Kuliai
Stalgėnai
Medingėnai
Girulių
Mižuikai
Pavandenė
Karlshamn, Arhus
Aabenraa, Fredericia
Smiltynė
Klaipeda
Vėžaičiai
Rietavas
Tverai
Varniai
Gargždai
Jakai
Dovilai
Endriejavas
København, Kiel, Sassnitz
Smiltynė
Rimkai
Žadvainai
Lukštas ež.
Pabutkalnis
Alksnynė
Karklėnai
Agluonėnai
Veiviržėnai
Judrėnai
Laukuva
Priekulė
Kvedarna
Kaltinėnai
Juodkrantė
Dreverna
Šveksna
Jurkaičiai
Balsiai
Bytlaukas
Šilalė
Naujas Obelynas
Bijotai
Saugos
Teneniai
Kintai
Pervalka
Preila
Pajūris
Upyna
Šakvietis
Ramučiai
Didkieimis
Pagramantis
Batakiai
Ventė
Kuršių marios
Nida
Šilutė
Macikai
Žemaičių Naumiestis
Vainutas
Žygaičiai
Rusnė
Katyčiai
Sartininkai
Pašaltuonys
Juknaičiai
Usėnai
Natkiškiai
Kunygiškiai
Tauragė
Mysovka
Jasnoe
Rukai
Lauksargiai
Prohladnoe
Pagėgiai
Eičiai
Gorodkovo
Lumpėnai
Vilkyškiai
Žukai
Pričaly
Bol. Berezki
Timirjazevo
Rževskoe
Panemunė
Rambynas kalnas
Viesvilė
Šmalininkai
Zapovednoe
Slavsk
Sovetsk
Boľšoe Selo
Nemanskoe
Livenskoe
Matrosovo
Gastellovo
Neman
Kurširskij zaliv
Golovkino
Gromovo
Kanaš
Ohotnoe
Lunino
Malomožajskoe
Krasnoznamensk
ROSSIJA
Žilino
Polessk
Il'ičevo
Boľšakovo
Dzeržinskoe
PRUSK
Uzlovoe
Mordovskoe
NIZINNA
Zales'e
Vysokoe
Uľjanovo
Saratovskoe
Saranskoe
Sosnovka
Kalinovka
Kalužskoe
Mežduruč'e
Rečki
Krasnyj Bor
Daľnee
Krasnoe
Pridorožnoe
Vozvyšenka
Ščegly
Vesnovo
Dobrovoľsk
Slavinsk
Zagorskoe
Privoľnoe
Majskoe
Sadovoe
Vysokoe
Gremjač'e
Furmanovka
20 km
LIE
RUS
E272
E85
E77
A1
A11
A12
A13
A190
A198
A216
P113
P114
P189

LATVIJA
LIETUVA
Auce
Vītiņi
Vadakste
Vēlaičiai
Ukri
Žagarė
Augstkalne
Meža ainau parks
Robežnieki
Eleja
Vairogi
Mežotne
Pilsrundāle
Bauska
Naujoji Akmenė
Skaistgirys
Daunorava
Linkaičiai
Drąsutaičiai
Kriukai
Skilvioniai
Skakai
Žeimelis
Berži
Adžūni
Uzvara
Kemėnai
Alkiškiai
Kruopiai
Dameliai
Jurdaičiai
Jauneikiai
Bariūnai
Joniškis
Akmenėliai
Žadeikoniai
Vaškai
Barvydžiai
Kinkiai
Papilė
Šarkiai
Piktuižiai
Rudiškiai
Dargiai
Mėdginai
Pašvitinys
Ūdekai
Degesiai
Guostagalis
Tetirvinai
Gasčiūnai
Bėnainai
Gruzdžiai
Šiupyliai
Jauniūnai
Pamūšis
Triškoniai
Linkuva
Pasvalys
Narteikiai
Joniškėlis
Nikančiai
Beinoraičiai
Verbūnai
Lygudai
Naisiai
Aleknaičiai
Pakruojis
Meškalaukis
Kuršėnai
Kužiai
Kryžių kalnas
Žeimiai
Deguciai
Ginkūnai
Šukeniai
Klovainiai
Deglėnai
Pumpėnai
Šiauliai
Kairiai
Stačiūnai
Pušalotas
Varputėnai
Rozalimas
Derveliai
Bubiai
Aukštelkys
Aukštelkiai
Pakapė
Radviliškis
Alksnupiai
Smilgiai
Spirakiai
Bernatoniai
Šaukėnai
Tyruliai
Polekėlė
Šeduva
Panevėžys
Juodeikiai
Pašiaušė
Sidariai
Sidabravas
Naujamiestis
Kiaunoriai
Jogampolis
Šiaulėnai
Upytė
Kelmė
Baisogala
Ožaičiai
Uliūnai
Tytuvėnai
Minaičiai
Papušinis
Pociūnėliai
Barklainiai
Gailiai
Šaukotas
Grinkiškis
Skemiai
Krekenava
Šiluva
Griniai
Ramygala
Naudvaris
Kaušakiai
Žaiginys
Vosiliškis
Gudžiūnai
Žalpiai
Survilišks
Truskava
Nemakščiai
Viduklė
Krakės
Bokštai
Švenčiuliškiai
Raseiniai
Žibuliai
Akademija
Okainiai
Betygala
Paliepiai
Dotnuva
Rudžiai
Lančiūnava
Taujėnai
Gabšiai
Paupys
Girkalnis
Kėdainiai
Vilainiai
Via Baltica
Šėta
Ariogala
Pernarava
Josvainiai
Butkaičiai
Šimkaičiai
Juodaičiai
Butkiškė
Paaluonys
Bukonys
Nociūnai
Stakiai
Labūnava
Žeimiai
Girdžiai
Tamošiai
Čekiškė
Liučiūnai
Karalgiris
Panevėžiukas
Klausučiai
Skirsnemunė
Raudonė
Veliuona
Seredžius
Babtai
Vandžiogala
Jonava
Gelgaudiškis
Plokščiai
Kidulai
Kubiliai
Kriukai
Vilkija
Didieji Ibėnai
Rukla
Šveicarija
Nemunas
Mikytai
Padauguva
Lapės
Užusaliai
Slavikai
Lukšiai
Lekėčiai
Bubiai
IX forto memorialas
Domeikava
Karmėlava
Būdos
Valakbudžiai
Šakiai
Raudondvaris
Kulautuva
Livintai
Pravieniškės
Zapyškis
Kaunas
Pažaislis
Kauno marios
Rumšiškės
Antakalnis
Sintautai
Veršiai
Ežerėlis
Šlienava
Muziejus
Griškabūdis
Jankai
Mastaičiai
Vaišvydava
Viršužiglis
Garliava
Margininkai
Piliuona
Kudirkos-Naumiestis
Višakio Rūda
Veiveriai
Mauručiai
Kruonis
Islauzas
Slabadai
Kazlų Rūda
Skriaudžiai
Bagotoji
Leskava
Pakuonis
Darsūniškis
Šilavotas
Klausučiai
Paežeriai
Antanavas
Purviniškė
Plutiškės
Vilūnai

114

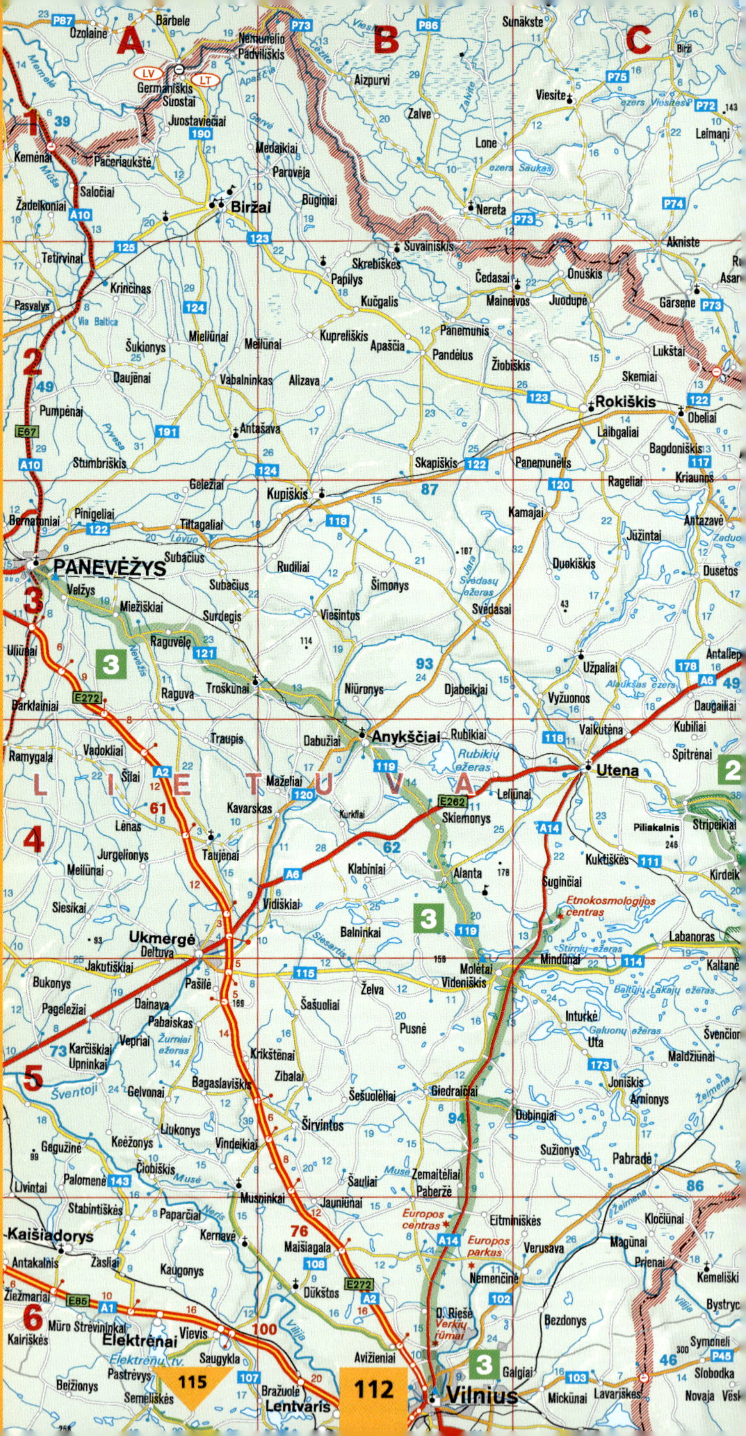
A
B
C
1
2
3
4
5
6
LIETUVA
LV
LT
Ozolainė
Bārbele
Nemunėlio Radviliškis
Sunākste
Biržai
Germaniškis
Suostai
Juostaviečiai
Kemėnai
Pačeriaukštė
Medeikiai
Parovėja
Saločiai
Žadeikoniai
Buginiai
Aizpurvi
Zalve
Viesīte
Lone
Nereta
Leimaņi
Akniste
Suvainiškis
Skrebiškės
Papilys
Kučgalis
Čedasai
Onuškis
Maineivos
Juodupė
Gārsene
Tetirvinai
Krinčinas
Pasvalys
Via Baltica
Šukionys
Mieliūnai
Meilūnai
Kupreliškis
Apaščia
Panemunis
Pandėlys
Žiobiškis
Lukštai
Daujėnai
Vabalninkas
Alizava
Skemiai
Rokiškis
Obeliai
Pumpėnai
Antašava
Laibgaliai
Bagdoniškis
Stumbriškis
Skapiškis
Panemunėlis
Kriaunos
Geležiai
Kupiškis
Rageliai
Bernatoniai
Pinigeliai
Tiltagaliai
Kamajai
Antazavė
Jūžintai
PANEVĖŽYS
Subačius
Rudiliai
Dusetos
Velžys
Mieziškiai
Šimonys
Duokiškis
Sėdasų ežeras
Svėdasai
Surdegis
Viešintos
Ulijūnai
Raguvėlė
Užpaliai
Antalieptė
Alaušas ežeras
Daugailiai
Raguva
Troškūnai
Niūronys
Djabeikiai
Vyžuonos
Barklainiai
Vaikutėna
Kubiliai
Traupis
Dabužiai
Anykščiai
Rubikiai
Rubikių ežeras
Spitrėnai
Ramygala
Vadokliai
Utena
Šilai
Mažeikiai
Leliūnai
Kavarskas
Skiemonys
Piliakalnis
Stripeikiai
Lėnas
Taujėnai
Jurgelionys
Meilūnai
Klabiniai
Kuktiškės
Alanta
Kirdeikiai
Suginičiai
Siesikai
Vidiškiai
Etnokosmologijos centras
Ukmergė
Deltuva
Balninkai
Labanoras
Jakutiškiai
Mindūnai
Kaltanėnai
Bukonys
Pašilė
Molėtai
Videniškis
Želva
Pageležiai
Dainava
Šašuoliai
Inturkė
Pabaiskas
Pusnė
Vepriai
Žurniai ežeras
Karčiškiai
Upninkai
Krikštėnai
Utia
Švenčionėliai
Maldžiūnai
Šventoji
Zibalai
Joniškis
Gelvonai
Bagaslaviškis
Šešuolėliai
Giedraičiai
Arnionys
Dubingiai
Liukonys
Širvintos
Geguzine
Keežonys
Vindeikiai
Sužionys
Pabradė
Čiobiškis
Zemaitėliai
Paberžė
Palomenė
Šauliai
Livintai
Musninkai
Jauniūnai
Stabintiškės
Paparčiai
Europos centras
Eitminiškės
Kaišiadorys
Kernavė
Maišiagala
Europos parkas
Verusava
Magūnai
Klociūnai
Antakalnis
Žasliai
Kaugonys
Prienai
Kemeliškės
Nemenčinė
Žiežmariai
Dūkštos
Bystryca
Mūro Strėvininkai
Vievis
D. Riešė
Verkių rūmai
Bezdonys
Kaišiškės
Elektrėnai
Saugykla
Avižieniai
Galgiai
Symonieli
Slobodka
Pastrėvys
Beižionys
Semeliškės
Bražuolė
Lentvaris
Vilnius
Mickūnai
Lavariškės
Novaja Vėska
Elektrėnų tv.

115

D
E
F
1
2
3
4
5
6
LATVIJA
BELARUS'
Līvāni
Preiļi
DAUGAVPILS
Krāslava
Aglona
Dagda
Visaginas
Zarasai
Ignalina
Braslaŭ
Postavy
Поставы
Hlybokae
Глыбокае
Mjadzel
Naroč
Druja
Piedruja
Dūkštas
Šarkavščyna
Rāznas ezers
vozera Narač
Nacyjanalny park Braslauskij aziory
Nacyjanalny park Naračanski
Dabas parks Daugavas loki
20 km

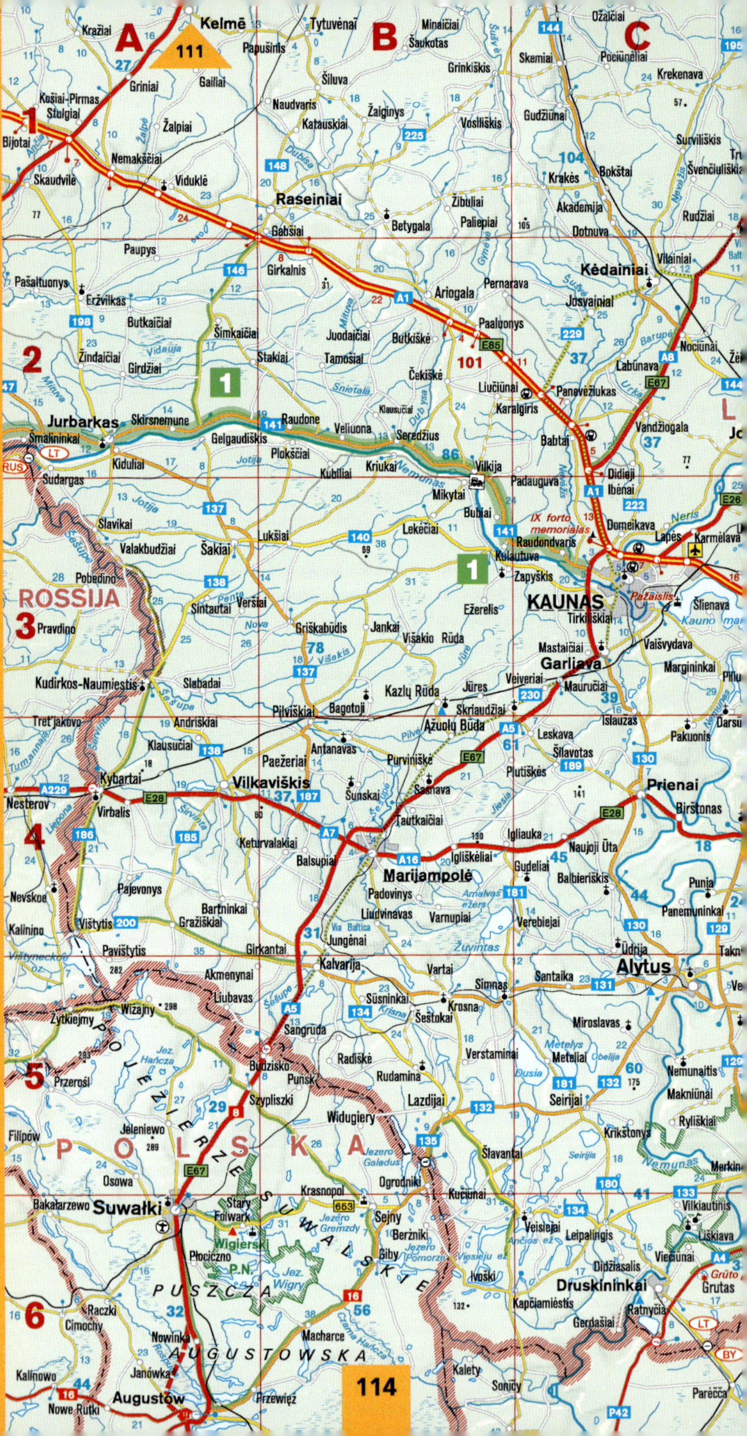

A
B
C
111
114
1
2
3
4
5
6
Kelmė
Tytuvėnai
Minaičiai
Šaukotas
Ožalčiai
Kražiai
Papušinis
Grinkiškis
Skemiai
Pociūnėliai
Krekenava
Griniai
Gailiai
Šiluva
Košiai-Pirmas
Stulgiai
Naudvaris
Žaiginys
Gudžiūnai
Bijotai
Žalpiai
Katauskiai
Vosiliškis
Surviliškis
Nemakščiai
Skaudvilė
Viduklė
Raseiniai
Krakės
Bokštai
Šventiuliškiai
Žibuliai
Akademija
Rudžiai
Gabšiai
Betygala
Paliepiai
Dotnuva
Paupys
Kėdainiai
Vilainiai
Girkalnis
Pašaltuonys
Eržvilkas
Ariogala
Pernarava
Josvainiai
Butkaičiai
Šimkaičiai
Juodaičiai
Butkiškė
Paaluonys
Nociūnai
Žindaičiai
Girdžiai
Stakiai
Tamošiai
Labūnava
Čekiškė
Liučiūnai
Panevėžiukas
Karalgiris
Jurbarkas
Skirsnemunė
Raudonė
Veliuona
Seredžius
Vandžiogala
Smalininkai
Gelgaudiškis
Babtai
Kiduliai
Plokščiai
Kriukai
Vilkija
Sudargas
Kubiliai
Mikytai
Padauguva
Didieji
Ibėnai
Slavikai
Bubiai
IX forto memorialas
Domeikava
Lapės
Karmėlava
Lukšiai
Lekėčiai
Raudondvaris
Valakbudžiai
Šakiai
Kulautuva
Zapyškis
Pobedino
ROSSIJA
Pažaislis
Sintautai
Veršiai
KAUNAS
Slienava
Pravdino
Ežerėlis
Tirkiliškiai
Griškabūdis
Jankai
Višakio Rūda
Mastaičiai
Vaišvydava
Garliava
Margininkai
Kudirkos-Naumiestis
Slabadai
Kazlų Rūda
Jūrės
Veiveriai
Mauručiai
Pilviškiai
Bagotoji
Skriaudžiai
Tret'jakovo
Andriškiai
Ąžuolų Būda
Islauzas
Pakuonis
Klausučiai
Antanavas
Leskava
Paežeriai
Purviniškė
Šilavotas
Kybartai
Vilkaviškis
Plutiškės
Nesterov
Sasnava
Prienai
Virbalis
Šunskai
Birštonas
Tautkaičiai
Keturvalakiai
Igliauka
Naujoji Ūta
Balsupiai
Igliškėliai
Marijampolė
Gudeliai
Balbieriškis
Pajevonys
Padovinys
Punia
Nevskoe
Bartninkai
Liudvinavas
Varnupiai
Verebiejai
Panemuninkai
Kalinino
Vištytis
Graziškiai
Jungėnai
Pavištytis
Girkantai
Kalvarija
Vartai
Santaika
Alytus
Akmenynai
Simnas
Liubavas
Krosna
Sūsninkai
Žytkiejmy
Wiżajny
Šeštokai
Miroslavas
Sangrūda
Radiškė
Verstaminai
Meteliai
Budzisko
Punsk
Rudamina
Nemunaitis
Seirijai
Makniūnai
Przerośl
Szypliszki
Lazdijai
Ryliškiai
Widugiery
Krikštonys
Filipów
Jeleniewo
Šlavantai
POLSKA
Ogrodniki
Osowa
Krasnopol
Kučiūnai
Vilkiautinis
Bakałarzewo
Suwałki
Stary Folwark
Sejny
Veisiejai
Leipalingis
Liškiava
Wigierski P.N.
Berżniki
Płociczno
Giby
Ivoški
Druskininkai
Viečiūnai
Grūtas
PUSZCZA AUGUSTOWSKA
POJEZIERZE SUWALSKIE
Raczki
Cimochy
Kapčiamiestis
Gerdašiai
Ratnyčia
Nowinka
Macharce
Kalinowo
Janówka
Kalety
Sonicy
Nowe Rutki
Augustów
Przewięź
Parečča

D
E
F
112
1
2
3
4
5
6
LIETUVA
BELARUS'
VILNIUS
Ukmergė
Anykščiai
Utena
Molėtai
Kaišiadorys
Elektrėnai
Lentvaris
Trakai
Širvintos
Šalčininkai
Lida
Ліда
Varėna
Nemenčinė
Etnokosmologijos centras
Europos centras
Europos parkas
Verkių rūmai
Cepkelių rezervatas
20 km

Für Ihre nächste Reise gibt es folgende Titel:

Deutschland Allgäu • Amrum/Föhr • Bayerischer Wald • Berlin • Bodensee • Chiemgau/Berchtesgadener Land • Dresden/Sächsische Schweiz • Düsseldorf • Eifel • Erzgebirge/Vogtland • Franken Frankfurt • Hamburg • Harz • Heidelberg • Köln • Lausitz/Spreewald/Zittauer Gebirge • Leipzig • Lüneburger Heide/Wendland • Mark Brandenburg • Mecklenburgische Seenplatte • Mosel • München • Nordseeküste Schleswig-Holstein • Oberbayern • Ostfriesische Inseln • Ostfriesland Nordseeküste Niedersachsen • Ostseeküste Mecklenburg-Vorpommern • Ostseeküste Schleswig-Holstein • Pfalz • Potsdam Rheingau/Wiesbaden • Rügen/Hiddensee/Stralsund • Ruhrgebiet • Schwäbische Alb • Schwarzwald Stuttgart • Sylt • Thüringen • Usedom • Weimar **Österreich/Schweiz** Berner Oberland/Bern Kärnten • Österreich • Salzburger Land • Schweiz • Tessin • Tirol • Wien • Zürich **Frankreich** Baskenland/Bilbao • Bretagne • Burgund • Côte d'Azur • Disneyland Paris • Elsass • Frankreich • Französische Atlantikküste • Korsika • Languedoc-Roussillon • Loire-Tal • Normandie • Paris • Provence **Italien/Malta** Apulien • Capri • Dolomiten • Elba/Toskanischer Archipel • Emilia-Romagna • Florenz Gardasee • Golf von Neapel • Ischia • Italien • Italienische Adria • Italien Nord • Italien Süd • Kalabrien Ligurien • Mailand/Lombardei • Malta • Oberitalienische Seen • Piemont/Turin • Rom • Sardinien • Sizilien/Liparische Inseln • Südtirol • Toskana • Umbrien • Venedig • Venetien/Friaul **Spanien/Portugal** Algarve • Andalusien • Barcelona • Costa Blanca • Costa Brava • Costa del Sol/Granada Fuerteventura • Gran Canaria • Ibiza/Formentera • Jakobsweg/Spanien • La Gomera/El Hierro • Lanzarote • La Palma • Lissabon • Madeira • Madrid • Mallorca • Menorca • Portugal • Spanien • Teneriffa **Nordeuropa** Bornholm • Dänemark • Finnland • Island • Kopenhagen • Norwegen • Schweden Südschweden/Stockholm **Westeuropa/Benelux** Amsterdam • Brüssel • Dublin • England Flandern • Irland • Kanalinseln • London • Luxemburg • Niederlande • Niederländische Küste • Schottland • Südengland **Osteuropa** Baltikum • Budapest • Estland • Kaliningrader Gebiet • Lettland Litauen/Kurische Nehrung • Masurische Seen • Moskau • Plattensee • Polen • Polnische Ostseeküste/Danzig • Prag • Riesengebirge • Rumänien • Russland • Slowakei • St. Petersburg • Tschechien Ungarn • Warschau **Südosteuropa** Bulgarien • Bulgarische Schwarzmeerküste • Kroatische Küste/Dalmatien • Kroatische Küste/Istrien/Kvarner • Montenegro • Slowenien **Griechenland/Türkei** Athen • Chalkidiki • Griechenland Festland • Griechische Inseln/Ägäis • Istanbul Korfu • Kos • Kreta • Peloponnes • Rhodos • Samos • Santorin • Türkei • Türkische Südküste • Türkische Westküste • Zakinthos • Zypern **Nordamerika** Alaska • Chicago und die Großen Seen Florida • Hawaii • Kalifornien • Kanada • Kanada Ost • Kanada West • Las Vegas • Los Angeles • New York San Francisco • USA • USA Neuengland/Long Island • USA Ost • USA Südstaaten • USA Südwest • USA West • Washington D.C. **Mittel- und Südamerika** Argentinien • Brasilien • Chile • Costa Rica • Dominikanische Republik • Jamaika • Karibik/Große Antillen • Karibik/Kleine Antillen • Kuba Mexiko • Peru/Bolivien • Venezuela • Yucatán **Afrika/Vorderer Orient** Ägypten • Djerba/Südtunesien • Dubai/Vereinigte Arabische Emirate • Israel • Jerusalem • Jordanien • Kapstadt/Wine Lands/Garden-Route • Kenia • Marokko • Namibia • Qatar/Bahrain/Kuwait • Rotes Meer/Sinai • Südafrika • Tunesien **Asien** Bali/Lombok • Bangkok • China • Hongkong/Macau • Indien • Japan • Ko Samui/Ko Phangan • Malaysia • Nepal • Peking • Philippinen • Phuket • Rajasthan • Shanghai • Singapur Sri Lanka • Thailand • Tokio • Vietnam **Indischer Ozean/Pazifik** Australien • Malediven Mauritius • Neuseeland • Seychellen • Südsee

Cityguides

Berlin für Berliner • Frankfurt für Frankfurter • Hamburg für Hamburger • Köln für Kölner • München für Münchner • Stuttgart für Stuttgarter

In diesem Register sind alle in diesem Führer erwähnten Orte und Ausflugsziele verzeichnet. Halbfette Seitenzahlen verweisen auf den Haupteintrag, kursive auf ein Foto.

Schreiben Sie uns!

Liebe Leserin, lieber Leser,

wir setzen alles daran, Ihnen möglichst aktuelle Informationen mit auf die Reise zu geben. Dennoch schleichen sich manchmal Fehler ein – trotz gründlicher Recherche unserer Autoren/innen. Sie haben sicherlich Verständnis, dass der Verlag dafür keine Haftung übernehmen kann. Wir freuen uns aber, wenn Sie uns schreiben.

Senden Sie Ihre Post an die Marco Polo Redaktion, MAIRDUMONT, Postfach 31 51, 73751 Ostfildern, info@marcopolo.de

Impressum

Titelbild: Žemaitija-Nationalpark; Plateliai-See (R. Hackenberg)
Fotos: R. Freyer (7, 77); R. Hackenberg (2 u., 5 l., 24, 27, 33, 36, 39, 40, 42, 43, 44, 47, 51, 55, 59, 60, 62, 74, 84, 87, 88, 96, 107); C. Nowak (U. r., 2 o., 4, 5 r., 6, 9, 28, 30, 50, 71, 82, 91, 95); T. Stankiewicz (U. l., U. M., 1, 11, 12, 14, 16, 18, 20, 22, 26, 34, 52, 56, 64, 66, 68, 72, 78, 81, 92); Transit-Archiv: Rücker (25)

2. Auflage 2007 © MAIRDUMONT, Ostfildern
Herausgeber: Ferdinand Ranft, Chefredakteurin: Marion Zorn
Redaktion: Arnd M. Schuppius, Bildredaktion: Gabriele Forst
Kartografie Reiseatlas: © MAIRDUMONT, Ostfildern
Vermarktung: MAIRDUMONT MEDIA, media@mairdumont.com
Gestaltung: red.sign, Stuttgart

Printed in Germany. Gedruckt auf 100% chlorfrei gebleichtem Papier

Bloß nicht!

Auch in Litauen gibt es Dinge, über die Sie Bescheid wissen oder die Sie vermeiden sollten

Freizeitkleidung in der Kirche tragen
Litauen ist ein Land prächtiger Kirchen, die allermeisten stehen auch Touristen zur Besichtigung offen. Doch betreten Sie die Gotteshäuser und Klöster bitte nicht in zu aufreizender Freizeitkleidung, damit beleidigen Sie vor allem in den Augen älterer, gläubige Litauer heilige Stätten. Noch strenger geht es in den russisch-orthodoxen Kirchen zu. Respektieren Sie die Sitten, und Sie werden eine lebendige Religiosität erleben, die noch keine Folklore ist.

Alkohol in der Öffentlichkeit trinken
Wer sich zu benehmen weiß, wird mit einem seit 2001 geltenden Gesetz nicht in Konflikt geraten, dennoch: Es ist in Litauen verboten, auf der Straße und in öffentlichen Parks Alkohol zu trinken. Wer dabei erwischt wird, muss mit Strafen von einer Verwarnung bis zu einem Bußgeld rechnen, das schon mal 150 Lt. (45 Euro) betragen kann. Hartnäckigen Wiederholungstätern droht sogar ein Monat Gefängnis.

Am falschen Strand baden
Beim FKK-Baden an der Ostsee gelten in der konservativen Baltenrepublik immer noch strenge Sitten. Zumindest die kurörtlichen Strände um Palanga und die Badeorte auf der Kurischen Nehrung sind in Zonen aufgeteilt: Der *vyrų pliažas* (Männerstrand) ist den Herren der Schöpfung vorbehalten. Am *moterų pliažas* (Frauenstrand) hat nur das weibliche Geschlecht etwas zu suchen. Nur an diesen Abschnitten ist das Nacktbaden erlaubt – und nicht etwa am *bendras pliažas,* dem »gemischten« Strand, der meist zwischen beiden liegt. Doch es geht ja auch ohne »Zone«: Selbst im Hochsommer finden AnhängerInnen der Freikörperkultur auf der Kurischen Nehrung kilometerweise menschenleere Strände, wo alle Hüllen fallen können.

Ohne Blumen kommen
Sollten Sie eingeladen sein, vergessen Sie nicht einen kleinen Blumenstrauß – mit leeren Händen zu kommen, gilt als unhöflich. Litauerinnen lieben Blumen. Aber bitte: Nicht alles, was blüht, passt zu jedem Anlass. Vermeiden Sie rote Nelken, die erinnern manchen noch sehr an den Sowjetkommunismus. Peinlich können auch gelbe Sträuße werden: Gelb blüht im symbolgläubigen Litauen die Eifersucht. Schenken Sie Blumen stets in ungerader Zahl. Gerade Blütenzahlen sind traurigen Anlässen vorbehalten, ebenso weiße Lilien. Einzelne Blumen schenken sich in Litauen nur Verliebte.